rowohlt
PAPERBACK

Hans-Georg Huber / Hans Metzger

Sinnvoll erfolgreich

Sich selbst und andere führen

Rowohlt Taschenbuch Verlag

Originalausgabe
Veröffentlicht im
Rowohlt Taschenbuch Verlag,
Reinbek bei Hamburg,
November 2004

Lektorat Julia Vorrath
Umschlaggestaltung ZERO
Werbeagentur, München
(Foto: FinePic, München)
Satz Dolly PostScript bei
Pinkuin Satz und
Datentechnik, Berlin
Druck und Bindung
Druckerei C. H. Beck, Nördlingen
Printed in Germany
ISBN 3 499 61936 9

Inhalt

Teil II: Die Menschen für das Unternehmen gewinnen

Teil III: Die Entwicklung von Führungskompetenzen

Vorwort von Daniel Goeudevert

Als ich von den Autoren gefragt wurde, das Vorwort für dieses Buch zu schreiben, musste ich trotz meiner vielen terminlichen Verpflichtungen nicht lange überlegen. Denn die Wiederbesinnung auf die essenzielle Verbindung von Sinn und Erfolg, die die Autoren in diesem Buch propagieren, ist heute mehr denn je nötig. Das gilt sowohl für das Wirken und die Lebensbilanz des einzelnen Menschen als auch für Wirtschaftsunternehmen und Politik.

Für den Einzelnen entscheidet nicht beruflicher Auf- und Abstieg über Glück und Unglück. Letztlich kommt es nicht so sehr darauf an, was einer erreicht hat, sondern was einer tut und warum er es tut. Sinn ist wichtiger als Geld und Macht.

Dennoch haben viele Manager Angst vor dem Verlust ihrer Position und ihrer Macht. Nicht so sehr aus finanziellen Gründen, da gibt es mehr als ausreichende Abfindungen, sondern weil sie sich so sehr mit einer Rolle identifiziert haben, dass nicht viel bleibt, wenn sie dieser Rolle verlustig gehen. Der Mensch als Person ist verloren gegangen. Deshalb arbeitet er auch 16 bis 18 Stunden täglich und kann selbst im Urlaub nicht darauf verzichten, mehrfach täglich im Büro anzurufen. Wenn er abgesägt wird, ist dies für ihn nicht nur ein Imageverlust, damit könnte er noch leben, sondern ein Identitätsverlust. Das ursprüngliche Ich ist so stark in der Position aufgegangen, dass seine Partnerin ihn manchmal nicht mehr erkennt, wenn er plötzlich wieder ohne Position dasteht.

Politik und Wirtschaft werden heute meist ohne langfristige Visionen betrieben. Alles muss schnellstens gelöst werden, man dreht sich mit dem Wind, der in immer kürzeren Abständen wechselt. Das kann auf Dauer nicht gut gehen, wir müssen uns auf das Wesentliche besinnen. Voraussetzung dafür ist jedoch, dass Wirtschaftsunternehmen ihre soziale, ökologische und politische Verantwortung annehmen und nicht egoistische Verhaltensweisen immer weiter stärken.

Unternehmensführung ist nicht die Beschäftigung mit Gegenwartsproblemen, sondern die Gestaltung der Zukunft. Doch die enorme Beschleunigung, die wir an vielen Stellen erleben, erlaubt uns nicht, notwendige Denkpausen einzulegen, um Visionen zu entwickeln. Wenn ein System nicht mehr zur Selbstkritik fähig ist, dann ist die Zukunft tiefschwarz. Aber ich glaube an Veränderungsmöglichkeiten.

Und Veränderung fängt bei dem einzelnen Menschen an. Erst wenn ich selbst in lebendigem Austausch mit anderen und der Welt stehe, mich einlasse und kommuniziere, fremde Lebensäußerungen zu verstehen versuche, Gefühle empfinde und in anderen auslöse, habe ich die Chance, mich selbst weiterzuentwickeln und Wissen zu erlangen. Die Wirtschaft benötigt diese sozial und emotional gereiften Menschen.

Für die Lösung der heute anstehenden wirtschaftlichen und gesellschaftlichen Probleme braucht es die Fähigkeit der Menschen, vernetzt und ganzheitlich fühlen und denken zu können. Eine Fähigkeit, die in den Führungsetagen der Macht nicht sonderlich verbreitet ist. Ganz im Gegenteil, das Management bringt häufig Führungskräfte hervor, die zu weltfremden und egozentrischen Autisten werden, weil sie den Kontakt zur Außenwelt, zur Realität des Lebens verloren haben.

Je höher Führungskräfte aufsteigen und je länger sie sich

oben halten, desto mehr leben sie in einer Art Ghetto. Der Alltag wird ihnen nahezu komplett organisiert und abgenommen. Auch im Privatleben haben Top-Manager meist wenig Kontakt mit dem «normalen» Leben. Sie wohnen in den feinsten Stadtvierteln, spielen Golf, wenn sie dafür noch Zeit haben, und bleiben meist unter ihresgleichen. Im Unternehmen sitzt man fast immer mit denselben Leuten zusammen und trifft wichtige Entscheidungen in Sitzungen, die stereotyp und akademisch ablaufen. Für grundsätzliche Überlegungen, ehrliche Kritik oder konstruktive Auseinandersetzungen ist dort kaum Platz.

Die Beherrschung von Spannungen ist die Kunst des Managements in der Zukunft. Dafür müssen Führungskräfte völlig andere Begabungen entwickeln. Dazu gehören Fähigkeiten wie Verantwortungsbewusstsein, Urteilsvermögen, Selbstvertrauen, Liebesfähigkeit, Flexibilität, Mut, aber auch kritische Distanz. Man könnte auch sagen, dass es darum geht, in einer Welt, die von Aktionismus geprägt ist, das «Sein-Können» zu erlernen.

Das erfordert auch ein Umdenken für die Qualifizierung und Weiterbildung von Führungskräften. Die eigene persönliche Weiterentwicklung ist dabei mindestens genauso wichtig wie die fachliche Ausbildung. Denn je spezialisierter ein Mensch ist, desto beschränkter ist auch seine Sichtweise – und desto unbescheidener seine Art, an Probleme ranzugehen. Überspezialisierung führt dazu, dass man sich auf einzelne Aspekte konzentriert, anstatt möglichst viele Folgen von Entscheidungen mit zu bedenken. Wir müssen Menschen, die später politische und wirtschaftliche Verantwortung tragen werden, anders ausbilden, damit sie sich auch anders verhalten können, als wir es bei den Exzessen in letzter Zeit erlebt haben.

Wenn man den Menschen in seinem eigenen Inneren aus den Augen verliert, ist es kein Wunder, dass auch die Menschen, für die man im Unternehmen verantwortlich ist, immer weniger gesehen werden. In meinem Buch «Mit Träumen beginnt die Realität» hat mich auch die Frage nach dem Sinn von Unternehmen sehr beschäftigt: «Wenn ein Unternehmen nicht in erster Linie für die Menschen da ist – seien es Beschäftigte oder Kunden –, wozu ist es dann da? Doch nicht nur für Bilanzen, nicht nur für Aufsichtsratsitzungen, nicht nur für die Produktion. Aber genau dieses Missverständnis ist in den letzten Jahren gesellschaftsfähig geworden: In unserer Shareholder-Value-Gesellschaft kommt immer erst die Rendite, dann die Moral.»

Macht und Verantwortung sind ebenso wenig voneinander zu trennen wie Vision und Zukunftsgestaltung. Um für die Zukunft gerüstet zu sein, brauchen wir in Wirtschaft und Gesellschaft eine Kultur von geistiger, sozialer und räumlicher Beweglichkeit. Nur dann können Kreativität und Phantasie und damit die Visionen entstehen, die wir so dringend brauchen.

Wirkliche Innovation kann nur dort zukunftsgerichtet entstehen, wo eine neue Führungskultur geschaffen wird. Wo sich ein Vorstand von 10 Personen nicht alleine auf seine Fähigkeiten verlässt, sondern die Phantasie und Innovationskraft der vielen Tausend Menschen, die er führt, fördert und dem Gesamtunternehmen zunutze macht. Voraussetzung dafür ist eine grundlegende Veränderung des Kommunikationsverhaltens. Eine Innovationskultur erfordert auch eine Vertrauenskultur, die nur durch Offenheit und bedingungslose Transparenz bei dem, was man tut, erreicht werden kann.

In meiner Zeit als Topmanager hat es mich immer sehr irritiert, dass die anderen Chefs zwei Sprachen hatten: eine für die Öffentlichkeit, immer in der Pose «Ich bin der Wirtschaftskapitän», und eine andere hinter verschlossenen Türen. Alfred Herrhausen sagte einmal: «In der Wirtschaft fehlen Menschen, die sagen, was sie denken, tun, was sie gesagt haben, und sind, was sie tun.» Authentizität ist nicht das, was man üblicherweise in der Wirtschaft auslebt. Aber nur authentische Führungskräfte sind imstande, andere Menschen glaubwürdig zu berühren und mitzunehmen.

Vielleicht hatte ich das Glück, dass ich als ehemaliger Lehrer Blickwinkel auf das Leben und die Menschen entwickeln konnte, die auch während meiner Vorstandstätigkeit in verschiedenen internationalen Konzernen nicht völlig untergegangen sind. Dennoch sind mir manche Mechanismen auch erst nach Beendigung meiner Tätigkeit in der Wirtschaft deutlich geworden. Solange ich selber darin verstrickt war, war es schwer, über den eigenen Tellerrand hinauszuschauen.

Für mich persönlich hat das engagierte Leben nach dem Abschied aus den Führungsetagen der Macht nicht aufgehört, ganz im Gegenteil. Ich habe in meinem Leben so viel Glück gehabt, dass ich bis zu meinem Tode die Verantwortung trage, etwas zurückzugeben. Dies bin ich mir selbst, aber auch meiner Familie und all den Menschen schuldig, die an mich glauben.

Trotz ihrer runden Form ist die Erde nicht Spielball der Menschheit. Bewahren wir sie mit der gleichen Liebenswürdigkeit, die sie uns Tag für Tag entgegenbringt. Sie wird uns morgen daran messen, wie wir uns heute verhalten haben, nicht daran, was wir vorhatten zu tun.

Es ist den Autoren, die als Praktiker ihr Ohr am Puls der Menschen in den Unternehmen haben, vortrefflich gelungen, die wesentlichen Zusammenhänge transparent zu machen und Ansatzpunkte für mögliche Veränderungen aufzuzeigen.

Ich wünsche ihnen, dass sie mit ihrem Buch bei Führungskräften und solchen, die es werden wollen, gebührend Gehör und Beachtung finden.

Einleitung

Dieses Buch basiert auf den Erfahrungen und Erkenntnissen der Autoren aus langjähriger Trainings-, Beratungs- und Coachingtätigkeit. Während Hans-Georg Huber als externer Trainer und Coach seit 20 Jahren persönliche und professionelle Entwicklungsprozesse mit Menschen in den unterschiedlichsten Unternehmen begleitet, ist Hans Metzger seit mehr als 30 Jahren in leitender Position im Bereich Human Ressources eines internationalen Konzerns tätig.

Obwohl wir Unternehmen aus unterschiedlichen Positionen und Perspektiven kennen, sind wir dennoch zu sehr ähnlichen Schlussfolgerungen gekommen. Durch unsere Tätigkeit haben wir den großen Vorteil, dass sich die Menschen im geschützten Rahmen von Seminaren, Coaching und Einzelgesprächen uns gegenüber öffnen und Einblicke in ihr Innenleben gewähren, die in der Regel am Arbeitsplatz nicht kommuniziert werden. Wir erfahren, was die Menschen bewegt, was sie motiviert und demotiviert, wie sie Veränderungen im Unternehmen erleben und welche Schlüsse sie daraus ziehen. Und wir tauschen uns mit einer Vielzahl von internen und externen Kolleginnen und Kollegen aus. Aus all diesen Informationen und Erfahrungen entsteht ein Bild darüber, wie es den Menschen in Unternehmen geht. Was wir dabei sehen, macht uns zutiefst besorgt.

Unternehmensentscheidungen stoßen bei den Mitarbeitern immer mehr auf Unverständnis, Umstrukturierungsmaßnahmen werden hingenommen, ohne sich wirklich darauf einzulassen, weil erwartet wird, dass auch diese bald Makulatur sind. Als Folge davon macht sich sowohl bei den Mitarbeitern als auch den Führungskräften der unterschiedlichen Ebenen Resignation und Hilflosigkeit breit. Diejenigen, die innerlich nicht aufgeben, müssen sich immer mehr anstrengen, um sich dieser Entwicklung entgegenzustemmen.

«Wenn die Arbeit ein Vergnügen ist, wird das Leben zur Freude», sagt der russische Schriftsteller Maxim Gorki. Vielen Menschen macht die Arbeit keinen Spaß mehr, beruflicher Erfolg und inneres Wohlbefinden sind nicht mehr zwei Seiten derselben Medaille, sondern driften immer mehr auseinander. Die Menschen wenden sich innerlich zunehmend von ihrem Unternehmen ab und suchen Zufriedenheit und Erfüllung anderswo, vor allem im Privatleben. Andere konzentrieren sich zu hundert Prozent auf ihre Karriere und sind bereit, für den äußeren Erfolg nahezu jeden innerlichen Preis an Gesundheit und Wohlbefinden zu zahlen.

Wo ist das Leuchten in den Augen der Menschen geblieben, wenn sie von ihrer Arbeit erzählen? Was ist aus der Begeisterung und dem Wir-Gefühl geworden? Wo sind die Menschen, die ihr Unternehmen als ihr berufliches Zuhause erleben, ein Stück Heimat, das sie mitgestalten, für das sie sich verantwortlich fühlen und in das sie ihr Herzblut einbringen?

Dadurch, dass sich Unternehmen und Menschen immer mehr voneinander entfernen, findet ein massiver Abbau von Ressourcen in den Unternehmen statt; Humankapital wird vernichtet. Das Engagement und die Verbundenheit der Mitarbeiter mit dem Unternehmen sowie eine konstruktive Unternehmenskultur sind die eigentlichen, stillen Reserven eines Unternehmens. Sie verlieren jeden Tag ein bisschen mehr an

Wert. Da dieser Posten nicht in den Bilanzen auftaucht, ist dies nach außen nicht sofort ersichtlich.

Diese Entwicklung werden sich weder die Gesellschaft noch Unternehmen, noch der einzelne Mensch auf Dauer leisten können. Es braucht eine Wiedervereinigung zwischen Menschen und Unternehmen, denn nur mit vereinten Kräften lassen sich die großen und komplexen Herausforderungen der Gegenwart und der Zukunft bewältigen. Das erfordert jedoch, dass beide Seiten aufeinander zugehen.

Wann wurde das letzte Mal in einer Vorstandssitzung ausführlich darüber gesprochen, wie es den Menschen im Unternehmen geht? Der Faktor Mensch wird von der Führungsspitze eines Unternehmens meist unterschätzt und an die Personalentwicklungsabteilung delegiert, wenn es denn eine gibt. Dort werden die Probleme durchaus erkannt, aber die Informationen versickern meist auf dem Weg nach oben. Erschwerend kommt hinzu, dass die aktuelle wirtschaftliche Situation den Blick häufig zusätzlich verengt und das Jonglieren mit betriebswirtschaftlichen Kenngrößen in den Vordergrund stellt.

Die Beschäftigung mit den Menschen wird zum Luxus, für den unter dem Diktat von Kostenersparnis nur wenig Platz ist. Denn schließlich schlägt sich eine Investition in die Menschen nicht sofort in einem besseren Betriebsergebnis nieder. Diese Tendenz zeigt sich unter anderem darin, dass die interne Fort- und Weiterbildung der Mitarbeiter einer der ersten Bereiche ist, in dem die Mittel gekürzt werden.

Die Verantwortung für diese Entwicklung ausschließlich den Unternehmen und ihren Top-Managern in die Schuhe zu schieben wäre zu einfach. Es gehören immer beide Seiten dazu. Die Entfremdung von Mensch und Unternehmen fing schon in einer Zeit an, als die Unternehmen wirtschaftlich noch aus dem

Vollen schöpften, ein Rekordergebnis das nächste jagte. Viele Unternehmen, aber auch viele der Mitarbeiter, konzentrierten sich vor allem auf äußeren Erfolg. Gewinnmaximierung, die Steigerung von Marktanteilen auf der einen Seite, Karriere und Einkommenssteigerungen auf der anderen waren die entscheidenden Ziele. Quantitatives, äußerliches Wachstum wurde zum Fetisch, die qualitative, innerliche Entwicklung blieb dabei immer mehr auf der Strecke.

Viele Menschen verloren zunehmend den Teil ihrer Persönlichkeit aus den Augen, der nicht unmittelbar messbare Ergebnisse produziert. Jeder wollte dabei sein, das Tempo auf der Erfolgsspur wurde immer schneller. Das innere Wohlbefinden, die eigene Gefühlswelt, das, was sonst noch wichtig ist im Leben, wurde zunehmend ausgeblendet.

Stattdessen wurde der Fokus immer mehr darauf gerichtet, wie man noch besser, noch effektiver, noch schneller in der jeweiligen beruflichen Tätigkeit werden kann. Welches Wissen und welche Verhaltensweisen muss ich mir aneignen, um Erfolg zu haben? Wenn man so will, fand auch in vielen Menschen ein Rationalisierungsprozess statt, der die eigene Person immer effektiver funktionieren ließ. Orientierung dabei gab der äußerlich messbare Erfolg, das innere Wachstum hingegen, die eigene Persönlichkeitsentwicklung trat zunehmend in den Hintergrund. So betrachtet, laufen die Menschen nicht nur dem Unternehmen davon, sondern vermehrt auch sich selbst.

Sowohl der einzelne Mensch als auch die Unternehmen gewannen äußerlich und verloren innerlich, man könnte auch von dem Beginn einer kollektiven Sinnkrise sprechen. Das immer einseitigere Streben nach äußerem Erfolg erfordert große Anstrengung und Willenskraft. Aber ähnlich wie Druck von außen sind diese nur begrenzt leistungsfördernd, wenn sie nicht von einer tiefen, inneren Motivation unterlegt sind. Und spätestens an dieser Stelle stellt sich die Frage nach dem Sinn. Worum geht es eigentlich? Was ist der Sinn von Erfolg, und welche Folgen hat Sinngebung für den Einzelnen und die Gesellschaft? Ist die Anhäufung äußeren Erfolgs wie das Sammeln von Rabattmarken, die man dann, wenn man denn genügend davon hat, gegen Sinn eintauschen kann? Wohl kaum.

Graf Dürckheim sagte einmal: «Wichtiger als das, was bei einer Sache herauskommt (das äußere Ergebnis), ist das, was dabei hereinkommt (die innere Bereicherung).» Sind Karriere und «Mensch-Sein» wirklich unvereinbar? Verliert ein «menschliches Unternehmen» seine wirtschaftliche Potenz und mutiert zwangsläufig zu einer Sozialstation? Verliert ein Mensch, der sich mit seinem Innenleben, seinen Wünschen, seinen Gefühlen, seiner persönlichen Entwicklung beschäftigt, der für sich Sinn in seinem Leben sucht, den Bezug zur äußeren Realität und wird zum Traumtänzer? Müssen Sinn und Erfolg in getrennten Welten leben, weil sie miteinander unvereinbar sind? Wir sind von dem Gegenteil überzeugt.

Für uns ist Sinn das Fundament und der Nährboden für nachhaltigen Erfolg.

Gerade in Zeiten kontinuierlicher und immer schneller voranschreitender äußerer Veränderung braucht der Mensch ein hohes Maß an innerer Klarheit und Gelassenheit bei gleichzeitigem vollem Engagement, die vor allem aus einer Verbundenheit mit sich selbst und seiner Umgebung kommen muss. Gleiches gilt für Unternehmen. Eine stimmige und vor allem auch sinnvolle gemeinsame Orientierung und eine konstruktive Unternehmenskultur sind Grundlage für die erfolgreiche Gestaltung von Zukunft.

Selbst wenn die Konjunktur wieder anzieht, wird Geld und ein Mehr an materiellem Wohlstand nicht ausreichen, um die Gräben zwischen Mensch und Unternehmen zuzuschütten. Für viele wird eine bessere Bezahlung vielleicht auch ein kurzfristiger Anreiz zu stärkerem Engagement sein, aber sie wird die Menschen auf Dauer nicht zurück in die Unternehmen bringen. Ohne Menschen wird ein Unternehmen jedoch zu einem seelenlosen Gerüst, das auf sehr wackligen Beinen steht.

Führungskräften kommt in dieser Situation eine besondere Bedeutung zu. Sie wirken an der Schnittstelle zwischen Mensch und Unternehmen. Und vor allem haben sie direkten Zugang zu den Stellschrauben für Veränderung. Daraus erwächst aber auch die besondere Verpflichtung, Win-Win-Situationen zwischen Mitarbeitern, Unternehmen und Kunden zu schaffen.

Wenn der Erfolgsfaktor Mensch in Unternehmen tatsächlich zu wenig genutzt wird, bedarf es einer grundsätzlichen Veränderung von Führungsverhalten, das den Menschen und seine Entwicklung mehr in den Mittelpunkt rückt. Viele Führungskräfte haben dies nie gelernt. In ihrer wirtschaftlichen, technischen oder juristischen Ausbildung spielte der Mensch nur eine untergeordnete Rolle. Und bei der Bewertung ihrer Leistung als Führungskraft kommt es in erster Linie auf das wirtschaftliche Ergebnis an, das sie verantworten. Da ist für Sentimentalitäten kein Platz vorgesehen, sondern nur für knallharte Fakten.

Führungskräfte brauchen eine besondere Qualifizierung und stimmige Rahmenbedingungen, um als Gestalter von Wandel zu wirken. Dazu gehören z. B. ein grundsätzliches Verständnis von Entwicklungsprozessen, Klarheit über die eigene Motivation und Rolle als Führungskraft, eine hohe Rollenflexibilität, eine stimmige und authentische Haltung und die Bereitschaft zur kontinuierlichen Weiterentwicklung. Dieser Themenkomplex wird ein Schwerpunkt dieses Buches sein.

Der entscheidende Schlüssel für jeden Entwicklungsprozess ist also – auch im Unternehmen – der Mensch. In den Menschen liegt ein enormes Potenzial an Begeisterungsfähigkeit, Engagement, Innovation und Kompetenz, das nur darauf wartet, gefördert und gefordert zu werden. Dafür müssen jedoch die geeigneten Entwicklungsräume im Unternehmen vorhanden sein. Welche Einflussgrößen dabei eine Rolle spielen, wird ebenso Thema des Buches sein.

Wesentliche Ressourcen für erfolgreiche Führung liegen in der eigenen Person der Führungskraft. Dazu gehören z. B. Sinn, Werte und Haltung, emotionale und soziale Kompetenz, inneres Gleichgewicht und Flexibilität, das Wissen um die eigenen Beweggründe, um nur einige zu nennen. Jede Veränderung beginnt beim einzelnen Menschen, deshalb steht seine persönliche Entwicklung am Anfang des Buches.

Wer andere Menschen erfolgreich führen will, muss zuerst einmal sich selbst führen können, die Führungsrolle im eigenen Leben annehmen und sie konsequent ausfüllen können. Insofern ist die Entwicklung von Führungskompetenzen immer auch die Entwicklung der eigenen Persönlichkeit.

Die Auseinandersetzung mit sich selbst ist darüber hinaus ein gutes Lern- und Übungsfeld, ermöglicht sie doch ein tieferes Verständnis anderer Menschen. Von Rudolf von Benningsen-Foerder, ehemals Vorstandsvorsitzender der Veba AG, stammt der Satz: «Man muss die Menschen kennen, um sie führen zu können.» Und dafür muss man zuallererst sich selbst kennen. Was man bei sich selbst nicht verstanden hat, kann man auch bei anderen nicht verstehen.

Um das eigene Leben zu einer Erfolgsstory zu machen, muss das eigene Handeln Sinn machen und damit nicht nur den äußeren, sondern auch den inneren Reichtum der Person mehren. Ist dies nicht der Fall, sind äußere Erfolge nur Schmerzensgeld für den Verzicht auf ein sinnvolles und erfülltes Leben.

Gleichzeitig ist die Stimmigkeit des eigenen Systems, das konstruktive Zusammenspiel von Sinn und Erfolg, die entscheidende Grundvoraussetzung dafür, als Führungskraft einen Beitrag für den sinnvollen Erfolg des Unternehmens leisten zu können. Denn nur was im eigenen Leben Platz hat, lässt sich auch im äußeren Verantwortungsbereich herstellen.

Teil I

Die Führungsrolle im eigenen Leben übernehmen

Wie ein Hamster im Laufrad

Wir leben in einer Gesellschaft, in der Erfolg einen sehr hohen Stellenwert hat. Viele Menschen streben nach Erfolg, andere beklagen hingegen die negativen Folgen der Erfolgsorientierung in unserer Gesellschaft. Für sie ergibt äußerer Erfolg allein keinen Sinn mehr. Unserer Meinung nach ist das Streben nach Erfolg weder grundsätzlich schlecht noch in sich verdammenswert. Ganz im Gegenteil. Wirtschaftlicher Erfolg ist die Grundlage dafür, sich den Luxus leisten zu können, sich überhaupt mit dem Thema Sinn zu beschäftigen.

Es gibt eine Vielzahl von Büchern rund um das Thema Erfolg. Sie handeln davon, wie man erfolgreich verkauft, sich erfolgreich bewirbt, erfolgreich selber managt, erfolgreich Geld anlegt usw. Allein die Verwendung des Begriffs «erfolgreich» im Buchtitel garantiert meist schon eine deutliche Steigerung der Auflage. Gleiches gilt für Seminare. So haben wir die Erfahrung gemacht, dass z. B. ein Seminar mit dem Titel «Erfolgsfaktor Sozialkompetenz» deutlich besser besucht wird als das gleiche Seminar mit dem Titel «Die eigene Sozialkompetenz steigern». Diese kleine Änderung führte dazu, dass dieses Seminar seit vielen Jahren ausgebucht ist, nachdem es anfangs mangels Teilnehmern abgesagt werden musste.

Offensichtlich ist Erfolg ein hervorragender Köder, der Menschen motiviert, danach zu schnappen. Für Erfolge sind vielen Menschen keine Wege zu weit, keine Mühen zu groß, kein Preis zu hoch. Sie sind auf der Suche nach Erfolg, mehr

Erfolg oder dem richtigen Erfolg – meist verstehen sie darunter ein gutes Einkommen und damit finanzielle Sicherheit, Macht und Verantwortung, den beruflichen Aufstieg, eine besondere Leistung. Und manchmal macht Erfolg sogar süchtig nach noch mehr.

Woher kommt eigentlich diese tiefe Sehnsucht des Menschen nach Erfolg? Was motiviert Menschen, über die Hürde der eigenen Bequemlichkeit zu springen, sich anzustrengen und dafür andere Bedürfnisse zurückzustellen?

Auf der Jagd nach äußerem Erfolg

In Zeiten, in denen es um das blanke Überleben geht, ist sicherlich der Selbsterhaltungstrieb der wesentliche Motor. Erfolg ist dann eine Frage von Leben und Tod, von Sein oder Nichtsein. Alles ist darauf ausgerichtet zu überleben. Die gesamte Wahrnehmung reduziert sich auf einen Tunnelblick. Für alles, was rechts und links von diesem Ziel liegt, gibt es keinen Platz. Es würde nur vom Wesentlichen ablenken und kostbare Zeit in Anspruch nehmen.

In unserer Gesellschaft geht es heute nicht mehr um das bloße Überleben. Ganz im Gegenteil, die meisten Menschen in der westlichen Welt leben wie die Made im Speck. Unsere Grundbedürfnisse sind durch den Sozialstaat abgesichert, Kriege kennen die meisten von uns nur aus dem Fernsehen. Dennoch kämpfen viele Menschen in unserer Gesellschaft um ihr emotionales Überleben. Depression, Frustration und das Gefühl von Einsamkeit sind weit verbreitet, was besonders augenfällig wird, wenn wir z. B. nach einem Urlaub wieder in den Alltag zurückkehren.

Offensichtlich führt ab einem bestimmten Punkt der materielle Wohlstand nicht automatisch zu einem Mehr an Lebensfreude, Zufriedenheit und Gelassenheit. «Geld allein macht nicht glücklich» – dieser Spruch ist fast schon eine Binsenweisheit. Dennoch bleibt bei vielen Menschen die Erfolgsorientierung ungebrochen. Dafür gibt es unserer Meinung nach trotz allem auch einige gute Gründe:

- ➜ die Möglichkeit, Einfluss auf die Umgebung zu nehmen,
- ➜ die Früchte des eigenen Handelns zu ernten,
- ➜ die Wertschätzung und Anerkennung, die man bei sich selbst und bei anderem mit Erfolg erzielt.

Was ist eigentlich Erfolg? Ganz offensichtlich ist Erfolg eng verknüpft mit «den Folgen des eigenen Tuns». Einen Lottogewinn würden wir wahrscheinlich eher unter Glück verbuchen als unter Erfolg. Das rechtzeitige Abgeben des Lottoscheins hingegen kann durchaus zumindest ein kleiner Erfolg sein. Auch vom alleinigen Lesen diverser Erfolgsleitfäden ist wahrscheinlich kaum jemand erfolgreich geworden. Es gibt zwar erfolgreiche Autoren, aber von «erfolgreichen Lesern» hören wir eher selten.

Erfolg macht den Menschen zu mehr als nur zu einem Blättchen im Wind. Er ist Ausdruck davon, handelnd Einfluss auf die Welt und das eigene Leben zu nehmen. Der Mensch kann mitgestalten. Er ist nicht nur Schauspieler oder Marionette auf der Bühne seines Lebens, sondern zugleich Regisseur, Produzent und Autor.

Schon bei Kindern lässt sich die unendliche Freude und Faszination beobachten, wenn sie merken, dass sie Einfluss auf die Welt nehmen können. Dieser Einfluss gibt ihnen ein Gefühl von Wichtigkeit, aber auch von Macht über ihre unmittelbare Umgebung. «Ich tue, also bin ich.» Dieses Austesten der eigenen Grenzen ist sehr wichtig für die Entwicklung der kindlichen Identität. Es gilt, den eigenen Platz in dieser Welt einzunehmen, ein Stück Territorium zu erobern, Flagge zu zeigen. Gleiches gilt für das Erproben der eigenen Möglichkeiten, die dadurch zu aktiven Fähigkeiten der Person werden.

Neben der Befriedigung, das eigene Leben aktiv zu gestalten und zu erleben, wie Strategien und Handlungen zu gewünschten Ergebnissen führen, machen Erfolge den einzelnen Menschen in der äußeren Welt sichtbar. Aus einem «Nobody» wird ein «Somebody». In unserer Gesellschaft wird viel Wertschätzung und Anerkennung mit Erfolg verbunden. Das beginnt in der frühesten Kindheit und zieht sich wie ein roter Faden durch das gesamte Leben. Menschen werden häufig nach den Erfolgen bewertet, die sie vorzuweisen haben. Erfolg gibt ihnen Status in ihrer Umgebung, einen Platz in der gesellschaftlichen Hierarchie und einen Bewertungsmaßstab im Vergleich mit anderen.

Erfolg ist häufig mit materiellem Wohlstand verbunden, der nach außen erkennbar ist und zudem noch das Leben erleichtert. So betrachtet, gibt materieller Erfolg Sicherheit für die Zukunft.

Sichtbarer Erfolg ist für viele Menschen ein wichtiger Nährstoff für das eigene Selbstwertgefühl. Ist er jedoch die einzige Nahrungsquelle, führt dies zu einer chronischen Mangelernährung mit einer Vielzahl von negativen Konsequenzen. Dennoch tappen viele Menschen immer wieder in diese Falle, indem sie sich ausschließlich von der äußeren Anerkennung abhängig machen.

Fragt man heute Jugendliche nach ihren beruflichen Zukunftsplänen, so erhält man immer öfter die Antwort «berühmt werden!» Als Folge davon stellen sich viele junge Menschen die Frage: «Was kann ich tun, um ins Rampenlicht zu gelangen?» Die nachmittäglichen Talkshows sind voll von Menschen, denen jedes Thema recht ist, um zumindest für einige Minuten aus der Anonymität der Masse herauszuragen.

Vielleicht erinnert sich der eine oder andere Leser noch an die makabre und tragische Geschichte aus der Wendezeit Anfang der neunziger Jahre. Es ging durch die Presse, dass ein junges Mädchen im Rollstuhl in den neuen Bundesländern angeblich von Skinheads überfallen wurde, die ihr ein Hakenkreuz in die Wange ritzten. Zunächst der öffentliche, empörte Aufschrei. Später dann stellte sich heraus, dass sie sich diese Verletzungen selbst beigebracht hatte.

Oft sind es solche dramatischen Hilferufe nach Aufmerksamkeit, die deutlich machen, wie sehr wir darauf angewiesen sind, von und in der Welt wahrgenommen zu werden. Die junge Frau hatte – auf traurige Weise – «Erfolg». Fragt sich nur, zu welchem Preis – und wie nachhaltig.

Warum verwandelt sich Leistung meist erst dann zu dem, was wir gesellschaftlich «erfolgreich» nennen, wenn sie Öffentlichkeit, mediale Präsenz, Schlagzeilen erfährt? Steckt wirklich hinter jeder Erfolgsstory Leistung? Ist Erfolgssucht nicht immer auch Sucht nach Aufmerksamkeit und Öffentlichkeit? Und sind die Erfolgreichen wirklich reich? Die Leistungsschwachen wirklich schwach? Ist der Boss, der Vorstandschef eines erfolgreichen Unternehmens nur Repräsentant des Erfolges und/oder Misserfolges oder ist er der Leistungsträger Nr. 1?

Erfolg ohne die Bühne der gesellschaftlichen Anerkennung wird häufig nicht wertgeschätzt. Dennoch blühen gerade im Verborgenen oft wirkliche Leistungen. Alle diejenigen, die z. B. privat pflegen, ehrenamtlich tätig sind, sich sozial, kirchlich, in der Jugendarbeit und wo auch immer engagieren, erhalten in unserer Gesellschaft nur wenig Beachtung. Auf diesen

Lebensbühnen gibt es keine Spots, keine zehn Vorhänge und häufig nicht mal Einzelapplaus. Dennoch gibt es viele Menschen, denen ihre Tätigkeit um der Tätigkeit willen wichtig ist. Die Belohnung für ihr Engagement scheint auf einer anderen Ebene stattzufinden, im Inneren der Menschen.

Auch wenn wirklicher Erfolg nicht unmittelbar abhängig von der äußeren Anerkennung ist, so ist sie dennoch eine wichtige Unterstützung, wenn es darum geht, die ein oder andere Durststrecke zu überstehen. Anerkennung gibt Motivation und Kraft, und manchmal ist sie auch ein Ausgleich für mangelnde Bezahlung. Manche Berufsgruppen leiden unter doppeltem Mangel, vor allem Menschen in helfenden Berufen, wie. z. B. Pflegepersonal oder andere psychosoziale Berufe. Weder erhalten sie ausreichend gesellschaftliche Anerkennung ihrer Leistung noch eine ihrer Leistung adäquate Bezahlung. Die wesentliche Anerkennung geben sie sich selbst über die Sinnhaftigkeit ihres Tuns.

Das Bedürfnis, erfolgreich zu sein, wird in unserer Gesellschaft und in der heutigen Zeit – manchmal nur ganz nebenbei, aber immer öfter sehr direkt – durch äußere Bewertungen angestachelt und motiviert. «Hast du was, dann bist du was!» – «Der zweite Sieger ist der erste Verlierer!» – «Geht nicht – gibt's nicht!» – «Nichts ist unmöglich!»

Der Hedonismus trägt darwinistische Züge. Uns beschleicht oft das Gefühl – und unsere Erfahrungen bestätigen das –, dass diese «Nichts ist unmöglich»-Phrasen lediglich verbale Nebelwerfer sind. Dahinter versteckt sich nach unserer Einschätzung häufig genug der so genannte Horror Vacui, die Angst vor der Leere, also die Frage: «Was ist mein Tun, was sind meine Erfolge von gestern morgen noch wert, und wer bin ich dann noch?»

Viele Menschen – insbesondere ältere – sind in dieser globalisierten Welt bei dieser Fragestellung tief verunsichert, manchmal auch gänzlich mutlos. Die Halbwertszeiten im ökonomischen, technischen Teil unseres Lebens verringern sich rasant. Wir sind ganz sicher, dass die Veränderungsfähigkeit von Menschen auf Dauer dieses Tempo nicht durchhält.

Wenn nur noch Erfolg – erkennbar, messbar, quantifizierbar, öffentlich – den Wert eines Menschen ausmacht, bekommt die Bedeutung von Sein und Sinn, menschlichen Selbstwertes also, eine andere Dimension: «Schaffe ich das?», «Funktioniere ich richtig?», «Bin ich flexibel, mobil, dynamisch, jung und fit genug für diese Welt?»

Diese Fragen entwickeln sich plötzlich zu zentralen Fragen des eigenen Wertes. Oftmals entsteht ein Spannungsfeld zwischen selbst gemachtem und von außen ausgeübtem Erfolgsdruck und der Sinnhaftigkeit des eigenen Tuns. Die Frage nach der Wertigkeit und dem Sinn unseres Seins – innerhalb einer Welt von Bits und Bytes, von Handys, Laptops, UMTS, ständiger Erreichbarkeit und größter Leistungs- und Erfolgstransparenz – wird selten gestellt, die vermeintlichen Antworten hingegen sehr direkt und brutal vorgegeben.

An jedem Kiosk springen uns hundertfach und mit hoher Valenz die Bilder derer an, die uns vorschreiben wollen, wie wir zu sein haben, um dazu zugehören zu dieser Welt voller Success und Fun. Außen vor zu bleiben ist für manche Menschen, wie von den Verheißungen des Paradieses ausgeschlossen zu werden.

Anstelle von Religion und Politik, die den Menschen Orientierung gaben, sind heute vielerorts die Medien getreten, die ihre eigenen Vorbilder schaffen. Der Begriff der VIPs (Very Important Persons) hat sich eigentlich längst überholt. Es geht in erster Linie nicht mehr darum, wichtig zu sein, sondern bekannt zu sein. Die Veronas, Jennys und Bohlens dieser Welt geben davon beredt Zeugnis.

Das Hecheln nach der besten, wichtigsten, sichtbarsten und präsentesten Rolle verbraucht eine Menge Energie. Es bleibt nicht viel davon übrig, um auch noch die anstrengende Suche nach der Sinnhaftigkeit des eigenen Lebens zu starten und durchzuhalten. Außerdem – wer hat dafür überhaupt noch Zeit?

FRAGEN AN DEN LESER

Welchen Stellenwert nimmt Erfolg in Ihrem Leben ein?
Wie sehr machen Sie sich vom Applaus anderer abhängig?
Wie ist das Verhältnis von innerer und äußerer Motivation in Ihrem Leben?
Wie geht es Ihnen eigentlich wirklich?

Der sinnlose Wettlauf mit der Zeit

Die Zeit, in der wir leben, hat möglicherweise eine eigenartige Beschleunigung dadurch erfahren, dass die Zeitspanne zwischen den Dingen, die Menschen sich auf materiellem Gebiet wünschen, und den Möglichkeiten, diese zu realisieren, immer kürzer wird. Für manchen Menschen wird dies zu einer Notwendigkeit, fast einer Nötigung gleich, immer «up to date» zu sein. Die Bereitschaft, mit unerfüllten Wünschen zu leben oder leben zu können, nimmt immer mehr ab. Viele Menschen tappen dabei in die Schuldenfalle, andere, die es sich finanziell leisten können, veranstalten ein «Wettrüsten» mit ihren Nachbarn, Freunden und Kollegen.

Zeit ist die kostbarste und demokratischste Ressource unseres Lebens. Zeit kann man weder kaufen noch vererben, jeder Mensch muss mit der Zeit auskommen, die er mitbekommen hat. Für uns ist der Umgang mit der eigenen Lebenszeit, wie wir sie uns einteilen und wofür wir sie investieren, eine der zentralen Messlatten dafür, wie wertvoll uns unser eigenes Leben ist.

Keine Zeit zu haben ist für viele so genannte Erfolgreiche schon eine Art Statussymbol. Keine Zeit zu haben ist heute neben dem Besitz von Haus und Yacht ein unverzichtbares Accessoire der Wichtigen; für sie wurde schnell der Begriff der «Jet-Lag-Junkies» oder der «Adrenalin-Junkies» geprägt. Ausnahmen bestätigen – wie immer – die Regel.

Nun mal stopp! Mal innehalten für einen Moment! Alle Menschen haben gleich viel Zeit – nicht in Kalenderjahren –, aber für jeden Menschen ist eine Minute eine Minute, eine Stunde eine Stunde und ein Tag ein Tag. Warum gehen wir häufig so sorglos mit dieser Zeit um? Warum reicht die Zeit oft nicht?

Vielleicht müssen wir einfach Abschied nehmen von dem Irrglauben – und Tausende von Zeitmanagement-Trainings fördern diesen –, Menschen könnten Zeit managen. Die Zeit managt uns! Wir können zwar Arbeitsabläufe oder die Strukturen unseres Arbeitstages besser organisieren, aber die Zeit stört das nicht, ihr ist es egal. Salvador Dalís Bild von der verrinnenden Zeit verdeutlicht, dass es da schon etwas gibt, was wir nicht im Griff haben. Also sollten wir uns mit der Zeit anders arrangieren – sie ist es wert.

Wer Zeit sparen, einholen oder aufholen will, hat bei diesem Wettbewerb schlechte Karten. Oft genug enden solche Versuche, gegen die Zeit zu gewinnen, auf der Intensivstation. Prof. Dr. Lothar Seiwerts Credo «Wer es eilig hat, der gehe langsam!» ergibt gerade im Zusammenhang mit dem Wunsch vieler Menschen nach Balance und Gelassenheit großen Sinn.

Natürlich verfügt kein Mensch völlig frei über seine Zeit. Normative Ansprüche im Beruf, Forderungen im privaten, familiären Bereich sollen und wollen erfüllt werden. Dennoch ist hier Widerstand erlaubt, ja manchmal lebensnotwendig, besonders im beruflichen Alltag. Es gibt ein Recht auf Selbstbestimmtheit, auf Nein-Sagen und auf Reflexion über Wichtiges und Dringendes im eigenen Leben.

Der griechische Philosoph Plato kam zu der Erkenntnis: «Ich kenne keinen sicheren Weg zum Erfolg, nur einen zum sicheren Misserfolg: es jedem recht machen zu wollen.» Nein zu sagen, den Wünschen, Anforderungen und Erwartungen von außen stimmige Grenzen zu setzen, ist eine der wenigen Möglichkeiten, sich selbst und seinen Bedürfnissen Bedeutung beizumessen. «Ich bin es mir wert, dass ich auch mal nein sage», wie es eine Teilnehmerin in einem unserer Seminare formulierte. So betrachtet ist das Nein zum Anderen immer auch ein Ja zu uns selbst.

Ein Zuviel, ein «immer mehr» und «immer schneller» macht uns auf Dauer krank. In welcher Form und Ausprägung sich die Folgen unseres Gehetztseins zeigen, darüber gibt es in der Zwischenzeit verlässliche medizinische Daten und Statistiken.

Das Bild vom Hamster im Laufrad drängt sich geradezu auf. Nur, wer dreht? Und wer lässt – warum auch immer – drehen? Der Kreis ist schnell geschlossen. Selbstbestimmtheit versus Fremdbestimmtheit zu propagieren hat nichts mit einem Aufruf zu Faulheit oder Arbeitsverweigerung zu tun. Im Gegenteil! Grundsätzlich spricht natürlich nichts dagegen, Leistung zu erbringen. Wer sich allerdings nur einmal ernsthaft mit der

Frage beschäftigt, was Kinder, Partner, Freunde am eigenen Grab an Erinnerungen formulieren und vielleicht behalten sollten, sollte sich ein kleines bisschen Nachdenklichkeit über Arbeitstempo, Lebenstempo, Auszeiten, Nothaltebuchten auf der Rennstrecke des Lebens erlauben. Das «Carpe diem» des Horaz im Hinterkopf oder im Herzen zu haben kann bewirken, bewusster und sinnvoller mit der relativ kleinen Menge Zeit umzugehen, die wir geschenkt bekommen haben.

Viele Menschen tappen gerne in die gefährliche «Wenn-dann-Zeit-Falle», weil sie so schön beruhigt: Wenn ich dann Abitur habe ..., wenn ich mit dem Studium fertig bin ..., einen vernünftigen Job habe ..., eine Familie gegründet und Karriere gemacht habe ..., wenn die Kinder erst mal aus dem Haus sind ..., wenn ich dann in Rente bin ..., dann kümmere ich mich – ganz bestimmt! – um meine Träume, Visionen, meine Familie, Hobbys, Neigungen, usw. Wie oft hat das – ganz ehrlich – funktioniert?

Wenn sich dann schneller als gedacht die Zeitschere schließt, wird es häufig sehr eng, all das nun endlich zu verwirklichen, was zu einem erfüllten, sinnhaften, wertvollen Leben dazugehört hätte. «Wer jetzt kein Haus hat, baut sich keines mehr», heißt es in einem Gedicht von Rilke. Das Haus steht in diesem Fall synonym für das eigene Leben, oft genug für all die ungelebten Wünsche, die sinnlos vergeudete Zeit. Nachholen? Kaum möglich.

Gott sei Dank hat der Schöpfer Momente im Leben vorgesehen, in denen sich viele Menschen oft sehr schmerzhaft ihrer Endlichkeit bewusst werden: «Ist das wirklich alles gewesen?» Oft fangen wir dann an, eine Zwischenbilanz unseres bisherigen Lebens zu ziehen. Sich die Historie des eigenen Lebens anzusehen, eine ehrliche Bilanz zu ziehen, ohne das ungute

Gefühl, man hätte vieles gerne anders gemacht, das macht am Ende ein sinnvolles Leben – eine sinnvolle Lebenszeit – aus.

In der Schlussbilanz unseres Lebens zählen vergangene Karrieren, Titel, Erfolge und unsere rastlose Hetze relativ wenig. Die Tränen von Menschen, die uns geliebt haben, sehr, sehr viel.

FRAGEN AN DEN LESER

Wie konstruktiv gehen Sie mit Ihrer Zeit um?
Schenken Sie sich ausreichend Zeit, über Ihr Leben nachzudenken?
Können Sie «Nein» sagen?
Wie oft schnappt bei Ihnen die Wenn-dann-Falle zu?
Was behalten Ihre Liebsten nach Ihrem Tode von Ihnen in Erinnerung?

Das eigene Selbstwertkonto

Das Bedürfnis des Menschen nach Anerkennung, Wertschätzung und Respekt, kurz, dem Applaus für seine Existenz und seine Rolle im Leben, ist eine starke Antriebskraft für sein *Tun*. Daraus kann sich – bei sensibler und gelungener Auswahl der unterschiedlichsten Rollen auch unter den Aspekten von Ethik und Moral – immer auch eine entsprechende Begründung für dessen *Sein* entwickeln.

Der Mensch steht in seinem Leben immer wieder an einer Wegkreuzung und muss sich entscheiden, welche Richtung er einschlagen, welche Rolle er spielen will. Die richtige Wahl zu treffen ist schwierig. Sie erfolgt entweder in erster Linie im Abgleich mit dem eigenen Werte- und Glaubenssystem, besitzt also unter Umständen einen humanen, moralisch-ethischen, sozial verträglichen Impetus, also einen eigenen Wert. Oder aber sie wird überwiegend von außen, durch den so genannten Zeitgeist, bestimmt. Sehr verführerisch verkleidet schreibt dieser vor, was nach äußeren Gesichtspunkten erfolgversprechend ist.

Auf der Welle des Zeitgeistes mitzuschwimmen ist möglicherweise auch der Versuch, dem inneren Gefühl der Vereinzelung und Vereinsamung zu entkommen. Die Verbundenheit mit der eigenen Familie, mit Religion und Glauben, mit Unternehmen, aber auch der Welt schlechthin, wird immer geringer.

Geeignete Nahrung für das Selbstwertgefühl

Alle Menschen führen während ihres Lebens unbewusst eine Art Aufmerksamkeitskonto, auf dem «Einzahlungen» (Applaus, Bewunderung, Wertschätzung, Lob usw.) und «Abbuchungen» (Kritik, Tadel, Missachtung, Häme usw.) erfolgen. Menschen besitzen – das ist gut, manchmal aber auch sehr fatal – feine, unterbewusste Sensoren für ihren persönlichen, aktuellen Kontostand. Der Saldo dieses Kontos beschreibt – metaphermäßig – unser Selbst-Wert-Gefühl. Wer genug davon hat, legt es als «Festgeld» längerfristig an, manchmal reicht es auch nur für «Tagesgeld».

Ein defizitärer Kontostand – um bei dem Bild zu bleiben – führt oft zu hektischen, unüberlegten Aktivitäten und/oder gezielt überlegten «Spielen» (siehe auch: Eric Berne «Spiele der Erwachsenen» – Transaktionsanalyse), um wenigstens kurzfristig Applaus zu tanken. Ein länger anhaltender oder gar dauerhafter «Soll-Saldo» auf diesem Aufmerksamkeitskonto führt häufig zu kompensatorischen Fluchten in Alkohol, Drogen oder noch mehr Arbeit.

Selbstbewusstsein und ein gutes Selbstwertgefühl entstehen durch Vertrauen und Wertschätzung unserer Einzigartigkeit. Die Entwicklung eigener Wertigkeit – das Bewusstsein über eigene Fähigkeiten, Ressourcen und Stärken und natürlich dem Wissen um und die Akzeptanz eigener Unzulänglichkeiten – ist in einen lebenslangen Prozess eingebunden. In diesem Prozess gibt es Hol- und Bringschulden, aber auch viele unverhoffte größere und kleinere Geschenke, die wir nur annehmen müssen.

Auf einem stabil entwickelten Urvertrauen errichten wir das Gebäude unseres Selbstwertes und damit auch unserer Fähigkeit, uns unsere Schwächen zu erlauben. Somit entsteht in diesem Prozess unsere persönliche, soziale und emotionale Kompetenz. Die hierbei entwickelte Stabilität – dieses «In-sich-Ruhen» – stellt sicher, dass Erfolge nicht weniger wichtig und eigene Leistungen – im welchem Kontext auch immer – nicht dadurch geschmälert werden, dass sie gar keine oder wenig Beachtung finden. Menschen mit stabilem Selbstwertgefühl haben es – einfach ausgedrückt – nicht nötig. Sie müssen nicht im Mittelpunkt stehen, und trotzdem dreht sich vieles um sie. Sie wissen, dass es nicht wichtig ist, immer Hamlet zu spielen, sondern dass auch beispielsweise der siebte Zwerg in «Schneewittchen» eine anspruchsvolle Rolle sein kann!

Wer Schulz von Thuns Kommunikationsmodell «Sach- und Beziehungsebene» vor Augen hat, erkennt diese Menschen an ihrer inneren Haltung. Menschen mit einem stabilen Selbstwertgefühl können sich erlauben, Kompetenz und Klarheit auf der Sachebene zu zeigen und gleichzeitig auf der Beziehungsebene immer auch deutliche Signale von Wertschätzung und Respekt für die Einmaligkeit der Existenz des anderen Menschen zu senden. Missachtung und Abwertung anderer Menschen hingegen ist meist Ausdruck davon, dass der eigene Kontostand sehr defizitär ist.

Ist nun der «Erfolgreiche» automatisch auch Besitzer eines gesunden, stabilen Selbstwertgefühls? Nach unserer Einschätzung nicht. Erfolg und/oder Leistung ist nur *ein* Baustein, *eine* tragende Wand dieses Gebäudes Selbstwertgefühl. Was ist es also dann, was die Entstehung, Entwicklung und Festigung von Selbstwert ausmacht?

Im Gegensatz zur Anerkennung unseres *Tuns* hat unser *Sein* sehr viel damit zu tun, wie wir selbst unsere eigene Wertigkeit einschätzen und wie oft und ehrlich wir zurückgemeldet bekommen, dass wir etwas wert sind, alleine durch die Tatsache, dass es uns gibt. Unsere Gesellschaft wird geschätzt, ohne dass wir ständig beweisen müssen, wie gut wir sind und was wir alles können. Eine Übereinstimmung zwischen Selbst- und Fremdbild festigt unseren Selbstwert. Es geht um die Quantität und Qualität der Wertschätzung, die wir in unserem Leben erleben und erfahren.

Wir mögen – bei all der Vielzahl – einfache Modelle. Für uns sind es vier Lebens-, Persönlichkeits-, Lern- und Entwicklungs-Felder im Zusammenhang mit unserem Balance-Modell, die durchgängig und lebenslang wichtig sind. Sie sind sozusagen die Futterkrippen, aus denen wir die Nahrung für unser Selbstwertgefühl abholen können oder geschenkt bekommen. Der Begriff Wertschätzung (siehe oben) spielt hierbei die zentrale Rolle:

➜ Wertschätzung der eigenen Person – oder einfach der Tatsache, dass wir als Mensch existieren.

➜ Wertschätzung mit erlebbarer Tiefe im Bereich Vertrauen, Nähe, Intimität und Sexualität.

➜ Erlebte und damit nachhaltige Kongruenz von Selbst- und Fremdbild (Stimmt das, was ich von mir denke?).

➜ Wertschätzung von Leistungen und Erfolgen, die nicht zwingend materiell orientiert und messbar sein müssen.

Es ist offensichtlich, dass Menschen im Leben nicht nur Input zu ihrem Selbstwertgefühl, sondern auch für dessen Gegenspieler Minderwertigkeitsgefühl erfahren, erleiden, erhalten. Die radikalsten dieser «Räuber» unseres Selbstwertes sind tiefenpsychologisch betrachtet Gefühle von *Angst* («Angst fressen Seele auf»), *Schuld*, also der Verletzung fremder Normen und Regeln, und das Gefühl von *Scham*, der Verletzung eigener Normen, Regeln und Werte. Unsere Niederlagen sind allerdings nur dann sehr schmerzlich, deprimierend und nachhaltig, wenn es um unser Selbstwertgefühl schlecht bestellt ist.

Die vier vorgenannten «Futterkrippen» bilden den Rahmen unseres gesamten Lebens. In diesem Kontext erleben wir unsere Siege und Niederlagen. Sie sind miteinander vernetzt und bedingen sich gegenseitig bei der Entwicklung unseres eigenen Wertgefühls, also der Bedeutung unseres Seins.

FRAGEN AN DEN LESER

Wie hoch ist der Saldo auf Ihrem Selbstwertkonto?
Wie viel Wertschätzung erhalten Sie an den einzelnen Futterkrippen?
Welche Rolle spielen Angst, Schuld und Scham in Ihrem Leben?

Wie gewonnen, so zerronnen

Äußerlich sichtbaren und messbaren materiellen Erfolg zur alleinigen Messlatte für das eigene Selbstwertgefühl zu machen ist sehr gefährlich. Diese Erfahrung machen gerade viele Überflieger der letzten Jahre, die ihren Job verloren haben und damit auch einen wichtigen Teil ihrer Identität. Irgendjemand hat entschieden, dass sie nicht mehr gebraucht werden, und damit ihr Selbstwertkonto radikal leer geräumt. Zu einem stabilen, inneren Selbstwertkonto hingegen haben fremde Menschen in der Regel keine Zugangsberechtigung.

Aber selbst dann, wenn alles wie geplant verläuft – die beschriebenen Futterkrippen des Selbstwertgefühls sind nicht beliebig austauschbar. Wenn Erfolg das erwünschte Ergebnis zielorientierten Handelns ist, stellt sich natürlich die Frage, was passiert, wenn es die «falschen» Ziele sind? Offensichtlich sind hier die tieferen Beweggründe von entscheidender

Bedeutung. Wenn jemand z. B. eigentlich auf der Suche nach Liebe und Anerkennung ist und als Voraussetzung dafür das Ziel ausgerufen hat, beruflich erfolgreich zu sein, kann es passieren, dass derjenige nach der ersten Million merkt, dass dies nicht die Anerkennung ist, die er sucht. Vielleicht gibt es die ja aber auch erst ab 4 oder 40 Millionen? Und selbst, wenn er die Anerkennung dann endlich bekommt, kann er ihr wirklich trauen?

Die Anerkennung des Tuns kann die Anerkennung des Seins nicht kompensieren. Ein «Das hast du aber toll gemacht» kann ein «Schön, dass es dich gibt» auf Dauer nicht ersetzen. Auch für das Selbstwertgefühl brauchen Menschen eine abwechslungsreiche «Ernährung», sonst laufen sie mit einem chronischen Gefühl von Mangel durch die Welt.

Spätestens hier lohnt es sich innezuhalten. Viele Menschen machen jedoch genau das Gegenteil, wenn sie spüren, dass ihnen etwas fehlt. Sie suchen nach der nächsten Idee und stürmen wild darauf los, nichts wie weg von der Unzufriedenheit. Aber kaum haben sie sich von ihrer Enttäuschung und Erschöpfung erholt, geht es schon wieder los. Die Strategie bleibt die gleiche, nur die Ziele variieren. Weder kennen sie ihren Standort, noch wissen sie, wo sie wirklich hinwollen. Das ist die reinste Energieverschwendung unter dem Motto: «Nachdem wir unser Ziel aus den Augen verloren haben, verdoppeln wir unsere Anstrengung.» Wenn Menschen ihren Standort und ihr Ziel nicht kennen, werden sie dort nicht ankommen.

Viele «erfolgreiche» Arbeitnehmer sind ausgebrannt. Das Burn-out-Syndrom hat sich vor allem bei Führungskräften in den letzten Jahren vervielfacht. Auch die Zahl der Alkoholiker und Drogenabhängigen steigt immer mehr. Es beruflich «geschafft» zu haben und dabei sowohl seine Gesundheit als auch seine Ehe und Familie ruiniert zu haben, ist das wirklich eine Erfolgsstory?

Erfolge in einem Bereich, zu Lasten eines anderen, befriedigen nur kurzfristig. Damit ist nicht gemeint, dass man nicht manchmal auch Prioritäten auf einen Bereich setzt. Jeder Mensch wird durch das Leben immer wieder einmal aus dem Gleichgewicht geworfen. In Krisenzeiten muss er häufig wichtige Lebensbereiche vernachlässigen und sich auf andere konzentrieren. Für zwei bis drei Monate ist das kein ernsthaftes Problem. Wenn diese Situation jedoch zum Dauerzustand geworden ist, geht die Lebens-Balance verloren. Im Coaching lassen wir Führungskräfte, die sich in einer Krise befinden und z. B. chronisch gestresst sind oder die Freude an der Arbeit verloren haben, eine konsolidierte Bilanz der wichtigen Lebensbereiche anfertigen. Häufig wird ihnen dabei sehr plastisch vor Augen geführt, wie sehr sie auf der einen Seite gewonnen und in anderen Bereichen verloren haben.

Dazu brauchen Sie nicht viel, nur ein Blatt Papier, einen Stift, eine halbe Stunde Zeit und die Bereitschaft, sich selbst gegenüber ehrlich zu sein. Es bedarf keiner großen buchhalterischen Kenntnisse, um die Aktiva und Passiva beispielsweise aus den Bereichen «Beruflicher Erfolg» – «Familie und Partnerschaft» – «persönliche Entwicklung» – «Freundeskreis» – «Freizeit und Hobbys» – «Zuhause» – «Gesundheit» aufzulisten.

Ebenso, wie man auf Dauer ein konstruktives Gleichgewicht der verschiedenen Lebensbereiche braucht, ein Gleichgewicht zwischen Tun und Sein, nützt einem der größte Erfolg nichts, wenn man ihn innerlich nicht besitzen kann. Nur die Insignien von Erfolg vorzeigen, den Partner, die Yacht, das Auto, die Villa, macht auf Dauer nicht zufrieden. Abgesehen davon nützt einem auch die tollste Villa wenig, wenn man kaum Zeit dort verbringt. Oder die ideale Partnerin, wenn man keine Zeit hat, Intimität und Geborgenheit mit ihr zu leben.

Auf der anderen Seite gibt es, wie bereits erwähnt, durchaus viele Menschen, die auf sehr wenige sichtbare äußere Erfolge verweisen können und trotzdem zufriedener sind als andere, die davon im Überfluss haben. Daher liegt der Schluss nahe, dass auch eine qualitative Komponente eine Rolle spielt, die sich nicht so einfach messen lässt. Zumindest nicht quantitativ.

Die qualitative Messlatte für Erfolg sind die eigenen Gefühle und Empfindungen. Die Voraussetzung, diesen Bewertungsmaßstab für sich nutzen zu können, ist, dass derjenige überhaupt Kontakt zu seinem Inneren hat, zu seinen Gefühlen, zu seinen Bedürfnissen, zu seinen Empfindungen. In unserer heutigen Gesellschaft ist dies längst keine Selbstverständlichkeit mehr. Werden doch gerade Gefühle von vielen Menschen als störend empfunden, weil sie nicht kontrollierbar sind, man sie nicht einfach an- und abschalten kann und sie sich häufig jeder Logik entziehen.

Gefühle und Empfindungen sind grundsätzlich ein erstklassiges Barometer, wie nahe oder weit entfernt der Mensch von seinen eigentlichen Wünschen und Zielen ist. Dass dieses Barometer manchmal auf den ersten Blick nicht zuverlässig funktioniert, liegt daran, dass viele alte Erfahrungen und Lebensmuster, die längst verdrängt wurden, den Zeiger ausschlagen lassen. In diesem Fall kommt man nicht drum herum, sich diese Themen anzuschauen und das Barometer neu zu eichen.

Unsere innere Welt, unsere tiefen Bedürfnisse, Wünsche, Gefühle und auch unsere Verletzungen sind einzigartig. Deswegen kann man sich ihnen nicht allgemein, sondern nur sehr persönlich nähern. Sonst könnte man ein für alle Mal klären, was der Mensch tun muss, um zufrieden zu sein, und alle würden dem nacheifern. Die Themen, die sich dem einzelnen Menschen im Leben stellen, sind ebenso verschieden wie seine Werte, Überzeugungen und Lebensmuster, was er als seine Aufgabe begreift und sicherlich auch, über welche Möglichkeiten und Fähigkeiten er verfügt.

Wenn wir in diesem Buch behaupten, dass die Verbindung von Sinn und Erfolg ein zentrales Thema ist, so bildet die Balance zwischen Innen und Außen dessen Grundlage. Sinn hat grundsätzlich immer eine «sinnliche» Komponente: Sinn erschließt sich vor allem über die Wahrnehmung der eigenen inneren Welt.

Geld ist in unserer Gesellschaft eine allgemein anerkannte Währung für unsere Leistung, eine Währung, die man in alles Mögliche eintauschen kann. Aber stimmt das wirklich?

Ein Beispiel mag dies illustrieren: Wir wurden von der Unternehmensleitung eines erfolgreichen Dienstleistungsunternehmens für einen Tag engagiert, um anstehende Gehaltsverhandlungen innerhalb der Führungsspitze zu moderieren. Die Befürchtung war, dass massive Konflikte bei der gegenseitigen Leistungsbewertung aufkommen könnten. So verdiente z. B. ein neuer Mitarbeiter mehr als seine unmittelbar vorgesetzte Führungskraft.

Wenn wir mit Prozessen in Unternehmen arbeiten, stellen wir uns häufig die Frage: «Worum geht es eigentlich wirklich?» Und geben diese Frage an die betroffenen Menschen weiter, denn nur sie kennen die Antwort. In diesem Fall stiegen wir mit der Frage ein: «In welchen Währungen wollen Sie eigentlich bezahlt werden, und in welchen Währungen werden

Sie tatsächlich bezahlt?» Dazu listeten wir einige Währungen auf, wie z. B.

- ➜ Geld
- ➜ Freizeit
- ➜ Solidarität und Unterstützung
- ➜ Freude an der Arbeit
- ➜ Persönliche und professionelle Entwicklung
- ➜ Respekt und Anerkennung
- ➜ Entlastung bei der unternehmerischen Verantwortung
- ➜ Freundschaft
- ➜ Kreative Zusammenarbeit
- ➜ Spannende Projekte
- ➜ Sicherheit

Das Ergebnis dieser kleinen Umfrage war für die Teilnehmer überraschend. Geld war überhaupt kein Konfliktthema. Die krassesten Unterschiede zwischen Wunsch und Wirklichkeit gab es bei den Themen «Solidarität und Unterstützung» und dem Thema «Freizeit». Geld oder mehr Geld war offensichtlich nicht das eigentliche Thema dieser Veranstaltung, außer als Schmerzensgeld für die Defizite in den vorgenannten Bereichen.

Nachdem Maßnahmen entwickelt und vereinbart wurden, um größere Solidarität zu schaffen und mehr Freizeit zu gewährleisten, wurde bei den Gehältern blitzschnell Einigkeit erzielt. Jeder bekam, was er wollte. Bemerkenswert in diesem Zusammenhang war außerdem, dass eine Person das Wunschgehalt nur unter der Bedingung bekam, dass sie 5 Stunden pro Woche weniger arbeitet. Und eine andere deutlich mehr bekommen sollte als gewünscht.

FRAGEN AN DEN LESER

Können Sie Ihre äußeren Erfolge innerlich besitzen und genießen?

Wie sieht Ihre konsolidierte Bilanz zwischen Beruf – Familie – Partnerschaft – Freunden – Zuhause aus?

In welchen Währungen wollen Sie für Ihre berufliche Tätigkeit bezahlt werden?

In welchen Lebensbereichen gleichen Sie Defizite mit «Schmerzensgeld» aus?

Auf der Suche nach dem Sinn

In der am stärksten erfolgsorientierten Berufsgruppe unserer Gesellschaft, dem Management, gab es in den letzten Jahren einen Esoterikboom, der auch heute noch unvermindert anhält. Manager und Esoterik? Was ist passiert? Parallel dazu wurden jahrhundertealte Weisheiten, Religionen und Philosophien wiederentdeckt. Was veranlasst nüchterne Denker aus der Zahlenwelt, sich in die Hände von indischen Gurus, tibetischen Mönchen und indianischen Schamanen zu begeben? Oder gar in eine Selbsterfahrungsgruppe zu gehen?

Offensichtlich haben viele Führungskräfte gemerkt, dass sie sich auf einer Straße bewegen, die nur eine Richtung kennt: den äußeren Erfolg. Aber nicht nur das, die Einbahnstraße entpuppte sich auch immer mehr als Sackgasse, in der man trotz aller Anstrengung nicht weiter vorankommt. Und gleichzeitig als ein Weg, der sie immer weiter von dem wegführt, wie sie eigentlich leben wollen. Die eigene Persönlichkeit blieb auf der Strecke. Erfolg war nicht länger Ausdruck ihrer Person, sondern ein Selbstläufer, und so mancher Manager rannte ihm hinterher, gewann äußerlich und verlor innerlich. Wenn sie überhaupt noch Kontakt zu ihrem Innenleben hatten, erlebten sie sich als *sinnlos erfolgreich*.

Einige dieser Menschen haben die Konsequenzen gezogen und eine Reise nach innen angetreten. In Selbsterfahrungsseminaren, bei Meditationen, Klosteraufenthalten und Wüstenwanderungen machten sie sich auf die Suche nach sich selbst, nach ihren Wünschen, ihren Gefühlen und ihrer wahren Identität. Dabei stand vor allem die Beantwortung von immer drängender werdenden Fragen im Vordergrund: «Wer bin ich?», «Worum geht es mir eigentlich wirklich?», «Was macht ein erfülltes Leben aus?»

Ausstieg als Notbremse

Dies sind Fragestellungen, mit denen viele Unternehmer und Führungskräfte spätestens im Übergang zu ihrem Ruhestand massiv konfrontiert werden, wenn sie feststellen, dass wenig bleibt, wenn sie ihrer Aktivität und ihrer Macht beraubt sind. Oder wenn eine Führungskraft freiwillig aus dem Unternehmen ausscheidet oder arbeitslos wird. Plötzlich sind vermeintliche Freunde aus den Führungsetagen der Wirtschaft nicht mehr zu erreichen, wie dies Daniel Goeudevert in seinem ersten Buch sehr anschaulich beschreibt. Freundschaft war häufig nur Mittel zum Zweck.

Wir erleben diese Leere immer wieder bei der Begleitung von Nachfolgeprozessen in Familienunternehmen. Wenn die Unternehmerrolle wegfällt, findet häufig auch ein Identitätsverlust statt, der nur sehr schwer auszuhalten ist. Hier braucht der Senior eine Qualifizierung für den dritten Lebensabschnitt, für die Zeit danach. Kann er wirklich loslassen? Was bedeutet für ihn der Machtverlust? Kinder und Ehepartner haben sich in der Regel ein eigenes Leben aufgebaut, in dem für den scheidenden Unternehmer kein Platz vorgesehen ist. Wozu auch, er war ja nie da. Neben der Wiederentdeckung der eigenen Wünsche geht es dann häufig darum, neue Formen des Miteinanders zu entwickeln.

Ist Selbstaufgabe der natürliche Preis für beruflichen Erfolg? «Das Unternehmen frisst mich auf. Hätte ich das geahnt, hätte ich mich nie darauf eingelassen», sagte der Inhaber eines erfolgreichen Unternehmens, als er gefragt wurde, was sein Hauptproblem sei. «Und jetzt komme ich da alleine nicht mehr raus.»

Als Coach begegnen uns bisweilen Unternehmer, die nicht länger die eigentlichen Besitzer ihres Unternehmens, sondern deren Sklaven sind. Der Markt, die Geschäftspolitik und die Erfordernisse des Geschäftsbetriebes sind still und leise zu den wahren Herren geworden, die den Unternehmer unter Druck setzen und zwingen, ihren Anforderungen gerecht zu werden. Das Tun steht im Vordergrund, das Sein kommt zu kurz. Wenn es in der Welt des Handelns nicht ausreichend Oasen des Seins gibt, sind häufig Burn-out, körperliche und seelische Erkrankungen die Folge. Kein Wunder also, dass immer mehr erfolgreiche Menschen versuchen, die Notbremse zu ziehen.

Manche steigen ganz aus der Welt der Erfolge aus, wenn sie sich dies finanziell leisten können. Sie gehen stundenlang mit ihrem Hund spazieren, arbeiten daran, ihr Golfhandicap zu verbessern, oder treten die lang ersehnte Weltreise an. Für viele Menschen in der Tretmühle des Erfolgs ist dies gar der ganz große Traum: endlich die finanzielle Unabhängigkeit zu haben, das tun zu können, was sie eigentlich wirklich wollen. Meistens fallen ihnen jedoch nur diverse Freizeitaktivitäten ein. Schade für sie, aber vor allem für die Gesellschaft, dass engagiertes Handeln in ihrem Leben keinen Platz mehr hat. Doch nicht das engagierte Handeln ist das Problem, sondern das *Ungleichgewicht zwischen Sinn und Erfolg*.

Manche Unternehmen ermöglichen ihren Mitarbeitern einen Ausstieg auf Zeit, z. B. in Form eines Sabbat-Jahres, weil sie erkannt haben, wie wichtig es für den Menschen ist, gelegentlich aus der Tretmühle auszusteigen. Zur Ruhe zu kommen, die eigene Situation zu überdenken, mit nahe stehenden Menschen darüber zu sprechen öffnet den Blick für das, was persönlich wirklich wichtig ist. Das Unternehmen profitiert von dieser Auszeit, indem es zufriedenere Mitarbeiter hat, die neue Impulse in das Unternehmen tragen, weil sie ihre Betriebsblindheit abgelegt haben.

Beim Überdenken der Fragen «Wer bin ich?» und «Was will ich eigentlich wirklich?», stellt sich zwangsläufig auch die Frage nach dem Sinn des eigenen Lebens. Sinn ist wahrscheinlich die mächtigste Triebkraft des Menschen nach seinem Impuls zu überleben. Menschen wie Gandhi, Martin Luther King oder Mutter Theresa haben damit Unmögliches möglich gemacht. Ihr Glaube, ihre tiefe Überzeugung, hat Berge versetzt.

Wenn man davon ausgeht, dass Leben einen tieferen Sinn hat, so ist jeder Mensch Unternehmer seines eigenen Lebens, verantwortlich für Strategie, Erfolg und Misserfolg. Sinn ist dabei das Fundament, das ihm eine grundlegende Orientierung gibt. Bestandteile dieses Fundaments sind sein Glaube, seine Werte, sein Menschenbild, seine Visionen und sein Potenzial. Wobei Sinn den Menschen nicht nur in Kontakt mit etwas Essenziellem im eigenen Innern bringt, sondern ihn gleichzeitig mit der Welt verbindet, da er über seinen Egoismus hinausgeht und er den Sinn mit anderen Menschen teilt.

Jeder Mensch verfügt über dieses Fundament, aber viele haben es vergessen und bauen ihr Haus, ihr Leben, an einer anderen Stelle. Menschen, denen der Sinn im Leben fehlt, spüren den Mangel, auch wenn sie alles tun, um nicht daran erinnert zu werden. Irgendeine hartnäckige Instanz in ihnen lässt sie spüren, dass etwas Grundsätzliches in ihrem Leben nicht stimmt. Auch wenn wir Menschen diese Instanz manchmal als unseren Feind erleben, der uns das Leben sehr schwer macht, hat sie doch eine sehr positive Erinnerungsfunktion. Diese Fähigkeit können wir nutzen, um unser Leben zu überprüfen. Napoleon Hill hat dies sehr aufmunternd formuliert: «Günstige Gelegenheit …, sie kommt oft als Misserfolg oder vorübergehende Niederlage.» Die wesentliche Voraussetzung dafür ist jedoch, dass wir innehalten.

Genauso, wie es wichtig ist, dass auf Dauer Sein und Tun in einem kreativen Gleichgewicht sind, dass sie sich gegenseitig stimulieren und fördern, gilt dies auch für Sinn und Erfolg. Aber dies ist nicht so einfach, weil Sinn und Erfolg häufig in getrennten Welten leben.

FRAGEN AN DEN LESER

Sind Tun und Sein in Ihrem Leben im Gleichgewicht?
Wann haben Sie sich das letzte Mal eine Auszeit aus der beruflichen Tretmühle gegönnt?
Sind Sie Unternehmer Ihres eigenen Lebens?
Welches Feedback bekommen Sie aus Ihrem Inneren?

Die Verknüpfung von Sinn und Erfolg

Ein Mensch, der sich auf die Sinnsuche begibt, muss häufig ein Doppelleben führen. Wenn er in seinem Beruf keinen tieferen Sinn sieht, wird er das als notwendiges Übel betrachten und *sinnvollen Erfolg* in anderen Lebensbereichen suchen. Zum Beispiel in sozialem, karitativem oder politischem Engagement. Auf diese Weise kann er beide Seiten leben, wenn es auch schade ist, diesen Spagat machen zu müssen, der auch einiges an Energie kostet.

Aber selbst wenn es möglich ist, Sinn und Erfolg im Beruf

miteinander zu verbinden, ist es hilfreich, gelegentlich die Perspektiven zu wechseln, um auf dem Boden der «realen Welt» verhaftet zu bleiben. Wie ein erfolgreicher Unternehmer, der seit vielen Jahren zweimal in der Woche in einer kirchlichen Gemeinde als Seelsorger tätig ist. In der Schweiz gibt es dafür z. B. das Projekt «Seitenwechsel», das Führungskräften ermöglicht, für eine bestimmte Zeit bei Projekten mitzuarbeiten, die Menschen in Not helfen.

Manche Menschen entziehen sich hingegen völlig der äußeren Erfolgsorientierung und begeben sich stattdessen an einen Ort, der sie Sinn und Erfüllung spüren lässt, ohne dass engagiertes Handeln damit verbunden ist. Sie leben sehr bewusst, treiben ihre innere Entwicklung voran und sind auf dem Wege zu sich selbst. Eine ganz wichtige Phase, die sich jeder Mensch immer wieder mal gönnen sollte. Wird dies jedoch zu einem Dauerzustand, ist es nur eine Flucht vor der Realität, wie umgekehrt auch Aktionismus oft eine Flucht vor dem Selbst ist. Vor allem trägt der Sinn dann keine Früchte in der Realität. Man könnte diese Menschen dann als *sinnvoll erfolglos* beschreiben.

Ein Mensch ist hingegen *sinnvoll erfolgreich*, wenn er immer wieder das Gleichgewicht zwischen sich und der Welt herstellt, Kontakt mit dem Sinn seines Lebens hat und diesen Sinn durch sein Handeln in die Welt trägt. Dieser Mensch spürt, dass er auf dieser Erde seinen Platz und auch seine Aufgabe gefunden hat. Er ist wichtig für die Welt und doch nur ein unendlich kleines Rädchen im Getriebe der Evolution. Er fühlt sich verbunden mit der Erde, seiner Umwelt, seinen Mitmenschen und sich selbst.

Sinnlos erfolglose Menschen hingegen verplempern ihre Lebenszeit so angenehm wie möglich, setzen auf Konsum, betrachten das Leben aus der Voyeursperspektive und warten darauf, bis es vorbei ist. Statt sich auf den Weg zu machen, sitzen sie zeitlebens an einem lauschigen Schattenplätzchen. Weder hat ihr Handeln Konsequenzen in der äußeren Welt noch findet eine Entwicklung im Inneren statt.

Viele eigentlich sinnstiftende und sinnfördernde Institutionen, wie z. B. Kirchen, aber auch Politik und Gewerkschaften, erreichen den Menschen immer weniger. Sie versuchen die drängenden gesellschaftlichen Probleme vor allem quantitativ zu lösen. Die Qualität, den inneren Reichtum der Menschen zu mehren, tritt immer mehr in den Hintergrund.

In der Wirtschaft findet eine ähnliche Entwicklung statt. Die Verbundenheit von Unternehmen und Menschen wird immer geringer. Gute Mitarbeiter wechseln in zunehmend kürzeren Abständen ihren Arbeitsplatz, Unternehmen setzen verstärkt auf Shareholder-Value. Würden manche Unternehmen eine konsolidierte Bilanz aus Shareholder-Value und Human-Values machen, sähen einige Betriebsergebnisse ganz anders aus.

Menschen verbringen das größte Stück zusammenhängender Zeit im Beruf, am Arbeitsplatz. Wenn Sinn für den Menschen wirklich wichtig ist, müssen Unternehmen die Möglichkeit schaffen, dass ihre Mitarbeiter einen Teil ihres Sinns dort leben können und ihre Werte dort Platz haben. Sinnerfüllte Arbeit setzt ein großes Maß an Engagement und Motivation bei den Mitarbeitern frei und ist damit sowohl im emotionalen als auch im ökonomischen Sinn wertsteigernd.

Um dies zu ermöglichen, braucht das Unternehmen selbst Sinn und Werte, mit denen sich Menschen identifizieren können und die sich in der gelebten Unternehmenskultur widerspiegeln. Eine von stimmigen Werten getragene Unternehmenskultur gibt den Mitarbeitern im Unternehmen Halt in einer sich immer schneller verändernden Welt voller Umstrukturierungen und neuer Märkte.

Jeder Mensch ist bereit, mit dem Gefühl zu leben, einer relativ sinnlosen Tätigkeit nachzugehen, wenn sie zumindest für ihn persönlich Sinn macht, z. B. wenn er seine Existenz und die der Seinen damit sichern kann. Aber wenn es um mehr geht als um Existenzsicherung, wird er früher oder später das Unternehmen verlassen, das nicht mit seinen Visionen, Werten und seinem Menschenbild kompatibel ist. Oder aber, wie immer mehr Menschen in den letzten Jahren, sich innerlich zurückziehen und damit einen Teil seines Engagements einstellen.

Eine Untersuchung von Mitarbeitern in Unternehmen, die 2003 in einer Gallup-Studie veröffentlicht wurde, kommt zu dem Ergebnis, dass ca. 16 % der Mitarbeiter innerlich gekündigt haben, weitere 69 % «Dienst nach Vorschrift machen» und nur 15 % der Mitarbeiter mit vollem Engagement dabei sind. Der volkswirtschaftliche und betriebswirtschaftliche Schaden wird in dieser Studie auf ca. 220 Milliarden Euro jährlich geschätzt. Wenn Unternehmen Mitarbeiter haben wollen, die mit Herzblut bei der Sache sind, müssen sie diese in Entscheidungen einbinden und ihnen fachliche und persönliche Entwicklungsräume anbieten.

FRAGEN AN DEN LESER

Wie sehr können Sie «Sinn» in Ihrem Beruf leben?

Haben Sie Ihren Platz auf dieser Welt gefunden?

In welchem Bereich leben Sie tendenziell? Sinnvoll erfolgreich – sinnlos erfolgreich – sinnvoll erfolglos – sinnlos erfolglos?

JÜRGEN ROLLMANN

Erfahrungen eines Sinnsuchers

Tagebucheintrag am 29. Oktober 1993:

«Warum bin ich so freudlos? Trotz absoluter finanzieller Sicherheit, trotz Gesundheit, trotz blühender Familienstimmung sogar so freudlos, dass Andrea mich anspricht, warum ich so böse bin, obwohl ich selbst meine, gar nicht böse zu sein. Ich bin so freudlos, weil ich den sportlichen Erfolg will. Aber ist diese Freudlosigkeit, dieses Unterordnen von normalen Gefühlen, der Preis für den Erfolg? Ist die Gier nach noch mehr Anerkennung, nach noch mehr Geld, nach ‹noch mehr!› schon so ausgeprägt, dass sie zu elementaren Verhaltensänderungen bei mir geführt hat?»

Zwei Jahre später bin ich nicht mehr der freudlose Profi-Fußballspieler, der viel Geld verdient, von Fans in der Regel angehimmelt und bewundert wird und der sich in einer Scheinwelt gefangen glaubt, sondern Student der Kommunikationswissenschaft, Politik und Soziologie. Milde belächelt von meist jüngeren Kommilitonen, die genauso wie der größte Teil meines Bekanntenkreises überhaupt nicht verstehen können, wie man freiwillig eine «Karriere» wegschmeißen kann, um an die Uni zu gehen, statt weiterhin sechsstellige DM-Jahresgehälter zu verdienen und in Presse, Funk und Fernsehen vertreten zu sein. Als ich das erste Mal durch die Eingangshalle der Ludwig-Maximilians-Universität in München gehe, dem Platz, an dem die Geschwister

Scholl ihre Flugblätter gegen das Nazi-Regime warfen, bin ich so glücklich wie selten zuvor. Nach jahrelanger «Inhaftierung» bin ich tatsächlich draußen aus dem «Gefängnis» Profifußball.

Anfang der neunziger Jahre verschieben sich meine Lebenskoordinaten. Viele Jahre hatte ich davon geträumt, in der Bundesliga, in der Nationalmannschaft zu spielen. Für dieses Ziel hatte ich jahrelang als Kind und Jugendlicher trainiert, gekämpft, das Abitur nur mit Ach und Krach geschafft, (fast) alle Aktivitäten mit Freunden untergeordnet. Doch der Beruf «Lizenzfußballspieler» hatte nicht mehr viel mit dem zu tun, was ich mir einst erträumt und erwünscht hatte.

Ich, der mit Fußball nie Geld verdienen wollte und der zu sich gesagt hatte, wenn ich nur einmal einen Bundesliga-Vertrag bekommen könnte, würde ich ein Jahr umsonst spielen, genau der ist jetzt Mannschafts-Kapitän und geht mit der Haupt-Motivation in die Liga-Spiele, dass bei einem Sieg 10 000 Mark zu verdienen sind. Prämienverhandlungen mit dem Vereinspräsidium gleichen humorlosen Gerichtsverhandlungen, Anfeindungen – auch über die Medien – und negativer Egoismus allüberall; es wird auf den nächsten Vertrag, den nächsten Verein geschielt, der vielleicht noch mehr Geld und Ruhm und Erfolg bringt. Und ich schiele fleißig mit und verbringe einen Großteil meiner Zeit damit, die richtige Anlageform für das verdiente Geld zu finden. Mit der Belohnung, immer wieder solche Gefühle zu haben wie oben im Tagebucheintrag beschrieben. Ausgerechnet ich, der schon als Jugendlicher und regelmäßiger Kirchgänger von der Bergpredigt besonders beeindruckt war, wo es u. a. zum Thema Geld heißt:

«... Ihr könnt nicht beiden zugleich dienen: Gott und dem Geld ... Macht euch keine Sorgen um Essen und Trinken und um eure Kleidung. Das Leben ist mehr als Essen und Trinken, und der Körper ist mehr als die Kleidung. Seht euch die Vögel an! Sie säen nicht, sie ernten nicht, sie sammeln keine Vorräte – aber euer Vater im Himmel sorgt für sie.» (Matthäus 6,24-25)

Das Beschäftigen mit der Geschichte der Philosophie (die Frage nach dem Warum?) und das erwachende Interesse an Politik verändern mich. Langsam, aber sicher wird mir klar: Es gibt sinnvollere Tätigkeiten, als Profi-Fußballspieler zu sein. Die Ausstiegsmöglichkeit aus der gefährlichen Atomenergie fasziniert mich. Gegen den immer wieder aufflackernden Rechtsradikalismus muss etwas getan werden, in Bremen war gerade die DVU in die Bürgerschaft gekommen. Jeden Tag verhungern 40 000 Kinder auf dieser Welt.

Ich muss etwas tun. Nicht nur anonym spenden, um vordergründig das Gewissen zu beruhigen. Nicht fett im Speck sitzen, während es so vielen anderen Menschen schlechter geht.

Ich will etwas tun. Aber was? Okay, ich engagiere mich für die Spielergewerkschaft, kämpfe vor allem für die Spieler, die im Schatten stehen, die von Spielervermittlern oder ihren eigenen Vereinen über den Tisch gezogen worden sind. Trete der SPD bei, weil diese Partei den Atomausstieg im Programm stehen hat und mir nicht so weltfremd vorkommt wie große Teile der Grünen. Ich bin aber noch immer Fußball-Profi und – fremdbestimmt. Was tun? Ausbrechen! Aber wohin?

Auf dem Flohmarkt entdecke ich einen unscheinbaren

Karton mit gelben Büchern: Albert Schweitzer – Ausgewählte Werke in fünf Bänden steht drauf, sie kosten fast nichts, ich nehme sie mit. Und was entdecke ich? Albert Schweitzer, der als Pfarrer und Musikwissenschaftler bereits in jungen Jahren ein angesehener Mann war, schreibt: «… Es kam mir unfassbar vor, dass ich, wo ich doch so viele Menschen um mich herum mit Leid und Sorge ringen sah, ein glückliches Leben führen durfte … mich überfiel der Gedanke, dass ich dieses Glück nicht als etwas Selbstverständliches hinnehmen dürfe, sondern etwas dafür geben müsse …» Schweitzer fasste den Entschluss, sich bis zu seinem 30. Lebensjahr der Wissenschaft und der Kunst zu widmen und sich von da an einem «unmittelbaren menschlichen Dienen zu weihen». Er schreibt später: «… Zu dem äußeren Glücke besaß ich nun das innerliche …»

Albert Schweitzer suchte danach acht lange Jahre, bis er seine neue Aufgabe findet, dafür nochmal Medizin studiert und schließlich in den Urwald geht, um als Arzt ein Spital im Kongo zu eröffnen, und feststellt: «Wer die Ärmsten dieser Welt gesehen hat, fühlt sich reich genug zu helfen.» Wie oft habe ich mir in meinem Tagebuch notiert, dass ich etwas Sinnvolleres machen will, dass Investitionen in die Bildung eine der sichersten Kapitalanlagen sind, dass ich etwas zum Positiven verändern will, und mich über die ‹geistigen Löcher› vieler Mitmenschen erregt, die miesepetrig durch den Alltag gehen und immer nur an allem und jedem herummeckern. Schweitzer wird zum leuchtenden Vorbild.

Ich will nicht in den Urwald. Ich glaube, dass eine politische Aufgabe genau das ist, was ich suche. Einmal an einer richtig wichtigen «Stellschraube» mitdrehen, z. B. dafür sorgen, dass einige Millionen nicht in Rüstungsprojekte, sondern zu den Ärmsten in dieser Welt fließen. Das muss doch spannend sein. Politisches Engagement muss nicht Parteiarbeit sein. Auch die Arbeit von Greenpeace ist Politik. Ich habe so viele Ideen. Aber sind das meine genialen Ideen, oder stehen die längst ausformuliert in schlauen Büchern, die ich nur noch nicht kenne, weil ich, statt zu lesen, den Siegprämien nachgehechelt bin?

1995 habe ich mich zu entscheiden: Vertragsunterschrift bei einem Profi-Verein, weiter viel Geld verdienen und innerlich verarmen oder die Chance eines Studiums nutzen, die sich überraschend bietet. Ein Studium, das an die Altersgrenze von 28 gekoppelt ist. Ich bin 28! Ich ringe mit mir. Albert Schweitzer vor Augen, entschließe ich mich für die Uni. Ich wollte nie mit Fußball Geld verdienen – und habe viel Geld verdient. So viel Geld, dass ich mir eine Orientierungs- und Lernphase leisten kann, um endlich dem lange ersehnten sinnvolleren Tun nachzugehen. Was für ein Privileg, wenn man es sich recht überlegt und es nur feststellt, wenn man überhaupt darüber nachdenkt. Wie viele Menschen würden gerne ihre persönlichen Interessen zum Beruf machen, können es aber nicht, weil es die Umstände nicht erlauben, weil sie für andere Menschen, die von ihnen abhängen, zu sorgen haben oder zum Erwerb ihres eigenen Unterhaltes arbeiten und in einem Beruf verbleiben müssen. Ich kann es! In die Nationalmannschaft werde ich höchstwahrscheinlich auch nicht mehr kommen. Also, Neuorientierung, Umzug mit Familie, Suche.

Der von mir absolvierte Studiengang gehört sicher nicht zu denjenigen, der Geisteswissenschaftlern den letzten Respekt abnötigt. Glorios waren meine Leistungen in Hausarbeiten, Klausuren etc. sicher auch nicht. Aber: Ich habe den

Abschluss geschafft, viel gelernt, gearbeitet, experimentiert – und bin der ersehnten «Stellschraube» und dem, was man wohl als Glück bezeichnet, ein gutes Stückchen näher gekommen.

Entwicklung beginnt im Inneren

Um sich dem Thema Sinn überhaupt nähern zu können, ist es entscheidend, innezuhalten, zumindest zeitweise aus der Hektik auszusteigen und den Blick nach innen zu richten. Häufig stoßen Menschen dabei jedoch auf eine Barriere, die ihnen den Weg und auch die Sicht versperrt. Sich die Frage zu stellen: «Was könnte denn der Sinn meines Lebens sein?», kratzt nur an der Oberfläche.

Sinn erschließt sich den Menschen nicht durch bloßes Nachdenken, sondern setzt ein gewisses Maß an Durchlässigkeit und Einheit von Körper, Geist und Seele in uns voraus, die einen kreativen Dialog zwischen diesen Teilen ermöglicht. Diese Einheit wird jedoch häufig durch Spaltungen innerhalb der Person unterbrochen. Sie verhindern, dass Körper, Geist und Seele im Sinne eines ganzheitlichen Erlebens an einem Strang ziehen.

Statt von einem Synergieeffekt zu profitieren, werden diese Anteile oft als Polaritäten erlebt, die sich gegenseitig hemmen und ein isoliertes Eigenleben führen – z. B. in Form unerwünschter Gefühle, die daran hindern, klar zu denken. Zwei dieser typischen Spaltungen werden wir im Folgenden näher beleuchten, wobei sie sich nicht exakt voneinander abgrenzen lassen, da sie sich gegenseitig zumindest teilweise überlappen: die Spaltung zwischen Verstand und Gefühl und die Spaltung zwischen Spiritualität, Menschlichkeit und Persönlichkeit.

Die Überwindung von Spaltungen

Der Mensch ist das am höchsten entwickelte Lebewesen, ausgezeichnet durch seinen Verstand, über den er im Gegensatz zum Tier verfügt. Der Verstand macht jedoch nur einen Teil des Menschseins aus. Wird er überbewertet, so beherrscht er den restlichen Menschen, die übrigen Teile des Gehirns und des Körpers. Und wie früher die Lakaien am Hof ihren Herrscher in der Sänfte von einem Ort zum anderen trugen, so dient in einem solchen Selbstverständnis der Körper dann vor allem dazu, den Verstand an die verschiedenen Orte des Geschehens zu tragen.

Unser Körper ist jedoch mehr als nur Krücke und Träger unseres Verstandes und der Ort der «niederen Lebensfunktionen«. Er ist auch der Ort, an dem wir Gefühle, Empfindungen, Intuition und unsere Lebendigkeit wahrnehmen. Im Idealfall ist unser Verstand ein Werkzeug, das uns dabei hilft, das, was wir wirklich in unserem Leben suchen, zu realisieren. Schneiden wir uns von unseren Gefühlen ab, so verlieren wir auch den Kontakt zu unserer Tiefe, unserem Sinn im Leben und dem unerschöpflichen Potenzial und der Weisheit unseres Unbewussten. Verstand und Gefühle beginnen, eine Art Eigenleben zu entwickeln, bei dem es nur noch darum geht, um jeden Preis Recht haben zu wollen. Es gibt Menschen, die bereit sind zu sterben, nur um Recht zu behalten. Man muss sich nur auf unseren Autobahnen umschauen, bei der die Rechthaberei auf die Spitze getrieben wird. Oder bei dem ein oder anderen Nachbarschaftsstreit, bei dem Menschen ihre subjektiven Gefühle mit der realen Situation verwechseln und entsprechend handeln. Sie werden von ihren Gefühlen regelrecht überschwemmt, man könnte auch sagen, sie werden Opfer ihrer eigenen Gefühle. Der Verstand kann seine Funktion, die notwendige Distanz zu den Gefühlen herzustellen, um konstruktive Formen aus und mit ihnen entwickeln zu können, nicht mehr erfüllen.

Übernimmt hingegen der Verstand die alleinige Herrschaft, werden die Gefühle in den Untergrund verbannt, gehen entscheidende Ressourcen verloren. In unserer Gesellschaft gibt es bis heute, vor allem unter den Männern, einen regelrechten Wettlauf um den abgespaltenen Verstand. Dem Sieger winken Geld, Ruhm und Ehre. Vielen Frauen war es jahrelang nur dann möglich, in die Führungsetagen der Wirtschaft aufzusteigen, wenn sie sich an diesem Wettkampf erfolgreich beteiligten und den Männern in deren selbst gewählter Domäne überlegen waren. Heute gewinnen auch die eher Frauen zugeschriebenen Eigenschaften wie Emotionalität und Intuition in der Wirtschaft immer mehr an Bedeutung.

Viele der wesentlichen Probleme unserer Gesellschaft lassen sich heute nicht mehr linear nach dem Ursache-Wirkungs-Prinzip lösen und entziehen sich damit der Beherrschbarkeit durch Logik und Verstand. Dazu sind die einzelnen Faktoren zu sehr vernetzt. Nicht umsonst hat «Emotionale Intelligenz» als Seminarthema Einzug in die Wirtschaft gehalten, weil die Synergieeffekte von Körper, Geist und Seele essenziell sind. Gleiches gilt für Unternehmen: Organisation, Know-how und Unternehmenskultur müssen Hand in Hand gehen, will man die Zukunft erfolgreich gestalten.

Die konstruktive Zusammenarbeit von Gefühl und Verstand ist gleichzeitig auch eine entscheidende Voraussetzung dafür, den Kontakt zu seinen eigenen Werten herstellen zu können, sie erlebbar zu machen und sein Handeln an diesen Werten orientieren zu können.

Im Einklang mit den eigenen Werten zu leben und zu handeln gibt dem Menschen innere Ruhe und Gelassenheit und Nahrung für sein inneres Selbstwertkonto. Der Verstoß gegen innere und äußere Normen hingegen, der sich in Form von Scham und Schuld äußert, ist, wie schon erwähnt, einer der ganz großen «Selbstwertfresser». Es ist wie ein Verstoß gegen innere oder äußere Gesetze. Betrachtet man diese Gesetze ein wenig genauer, so kann man sie in fünf grundlegende Kategorien unterteilen:

- ➜ Legale Gesetze
- ➜ Soziale Gesetze
- ➜ Persönliche Gesetze
- ➜ Menschliche Gesetze
- ➜ Spirituelle Gesetze

(siehe dazu Boyesen/Huber, Eigentlich möchte ich ..., Leben zwischen Wunsch und Wirklichkeit).

Legale und soziale Gesetze regeln das Miteinander der Menschen in der äußeren Welt. Wir bestehlen unseren Nachbarn nicht und spucken uns auch nicht gegenseitig ins Essen.

Spirituelle und menschliche Gesetze hingegen existieren im Inneren des Menschen. Sie sind Ort von tief liegendem Glauben und Werten. Spiritualität beinhaltet ein grundsätzliches Ja zum Leben, zum Sinn des Lebens und zum Leben in dieser Welt. Sie ist die Grundlage unserer Existenz. Menschlichkeit basiert auf einem tiefen Gerechtigkeitsempfinden und beinhaltet die Gleichheit und Gleichwertigkeit der Menschen untereinander. Sie sorgt dafür, dass wir uns anderen Menschen verbunden fühlen, für deren Unversehrtheit verantwortlich sind und mit ihnen als Gleiche partnerschaftlich koexistieren.

Erleben wir andere Menschen in Not, so ist dies eine Verletzung unserer spirituellen und menschlichen Gesetze, wir sind berührt, betroffen oder entsetzt. Mutter Theresa schrieb dazu in einem mittlerweile vom Vatikan veröffentlichten Brief: «Mein Lächeln ist ein großer Umhang, der eine Fülle von Schmerzen bedeckt. Die anderen denken, mein Glaube, meine Hoffnung, meine Liebe versetzen mich in einen Zustand innerer Ruhe. Sie glauben, dass meine Nähe zu Gott und mein Fügen in seinen Willen mein Herz erfüllen. Immer nur lächeln. Wenn ihr wüsstet, wie dunkel es in meiner Seele ist.»

In Anbetracht des Ausmaßes an menschlichem Elend, mit dem wir tagtäglich konfrontiert sind, würden wir von Mitleid, Schuld und Scham und ohnmächtigem Zorn überschwemmt werden, gäbe es nicht unsere persönlichen Gesetze. Wir können den Schmerz anderer Menschen nur begrenzt tragen. Wie könnten wir uns sonst unser Essen schmecken lassen, wenn wir z. B. in den Medien sehen, wie Millionen von Menschen Hunger leiden? Wie könnten wir es uns gut gehen lassen, wenn es anderen Menschen schlecht geht? Manche unserer persönlichen Gesetze geben uns eine Antwort darauf, warum das trotzdem möglich ist. «Ich muss auch hart arbeiten für mein Geld», oder: «Wären die Regierungen dort nicht so korrupt, gäbe es genug zu essen für alle.» In der Psychologie ist ein solches Vorgehen auch als Rationalisierungsschwelle bekannt. Wir filtern die Wahrnehmung von Gefühlen und Regungen aus unserem Inneren, damit wir nicht von ihnen überschwemmt werden.

Persönliche Gesetze sind die Brücke in der Begegnung unserer inneren mit der äußeren Welt. Im Gegensatz zu Spiritualität und Mitgefühl, die als tiefe Empfindungen in allen Menschen leben, ist unsere Persönlichkeit durch unsere Erfahrungen, Veranlagungen und Überzeugungen individuell geprägt. Unsere Überzeugungen und Glaubenssätze sind eine wichtige Basis für unser Verhalten und Erleben als Person. Sie geben uns Halt, Sicherheit und Orientierung und erleichtern uns das Leben.

Manche dieser persönlichen Glaubenssätze sind gleichzeitig jedoch eine massive Begrenzung für unser Leben, weil sie uns in der Flexibilität des Wahrnehmens und Erlebens einschränken. Das gilt sowohl für die Wahrnehmung der äußeren als auch für die unserer inneren Welt. Sie verhindern den Kontakt mit unserer Tiefe, unseren Gefühlen und Empfindungen, unserer Menschlichkeit und Spiritualität. Glaubenssätze wirken dann wie eine Brille, die nur noch durchscheinen lässt, was in die entsprechende Schublade passt. Auf diese Weise bewahren sie uns zwar vor unliebsamen Überraschungen, verhindern jedoch gleichzeitig, dass wir neue Erfahrungen machen.

Deshalb halten manche Menschen ihre persönlichen Überzeugungen und Glaubenssätze für den Sinn ihres Lebens, weil es für sie der Bereich in ihrem Innern ist, den sie überhaupt erreichen können. Wie z. B. ein Bankdirektor, der aus tiefster Überzeugung zu uns sagte, alles, worum es im Leben gehe, sei Sex, Geld und Macht. Die Lebensweise vieler Mitmenschen scheint ihm vordergründig durchaus Recht zu geben. Aber ist das wirklich alles? Ohne einige der grundlegenden Glaubenssätze zu überprüfen und zu verändern, ist es meist nicht möglich, mit der eigenen Spiritualität und Menschlichkeit Kontakt herzustellen.

FRAGEN AN DEN LESER

Arbeiten bei Ihnen Verstand und Gefühl konstruktiv zusammen?

Haben Sie Zugang zu Ihren tieferen Werten und Ihrer Spiritualität?

Was hat Ihr moralisches Bewusstsein geprägt?

Versöhnung mit den eigenen Schattenseiten

Jeder Mensch trägt ein tiefes Streben nach innerem Wachstum und Entwicklung in sich. Bei Kindern lässt sich das wunderbar beobachten. Es ist ein Grundbedürfnis wie die eigene Existenzsicherung und Fortpflanzung, wie das Streben nach Lust und das Vermeiden von Schmerz. Manche Menschen erklären mit Eintritt in das Erwachsenenalter ihre innere Wachstumsphase für beendet, weil sie über ausreichend Ressourcen verfügen, sich in der äußeren Welt zu behaupten.

Kein Mensch ist vollkommen. Ein deutscher Bischof wurde einmal in einem Interview danach gefragt, wie oft er selbst gegen die 10 Gebote verstoße. Seine Antwort: «täglich». Jeden Abend lässt er den Tag nochmals Revue passieren und nimmt sich vor, es morgen besser zu machen. Es geht nicht darum, das Leben eines Heiligen zu führen, sondern immer wieder aufs Neue hinzuschauen und aus seinen Erfahrungen zu lernen. Einmal mehr ist der Weg wichtiger als das Ziel.

Entwicklung findet in der Auseinandersetzung mit der inneren und äußeren Welt statt. Voraussetzung dafür ist, sich einzulassen und berühren zu lassen. Menschen, die ihre Erfahrungen nur noch in beschrifteten Schubladen ablegen, ihre Sicht der Welt und damit auch ihre Vorurteile immer wieder aufs Neue bestätigen wollen, stehen still. Man könnte in diesem Zusammenhang auch von «Verwicklung» sprechen, als Metapher für gefangen und verstrickt zu sein in den eigenen Gefühlen, Überzeugungen, Glaubenssätzen. Bleibt man bei dieser Metapher, dann ist «Ent-wicklung» das Erhöhen der inneren Freiheit und Beweglichkeit. Der Mensch kann über seinen eigenen Tellerrand hinaussehen, seinen Blickwinkel frei wählen.

Viele unserer persönlichen Glaubenssätze verfolgen wir unbewusst. Es sind Einstellungen zum Leben, die uns normal und selbstverständlich erscheinen. Solange sie uns in unserem Leben nicht behindern und einschränken, gibt es auch keine Veranlassung, daran etwas zu ändern. Wenn wir diese überprüfen und eventuell verändern wollen, brauchen wir dazu Hilfe von außen. Das kann ein Coach sein, ein Therapeut oder einfach nur ein guter Freund, der uns offenes Feedback gibt.

Manche dieser Glaubenssätze sind sehr hartnäckig, dennoch können wir zumindest ein wenig an ihnen rütteln. Man kann sich diese Sätze als eine Tischplatte vorstellen. Die Tischbeine sind unsere Erfahrungen, unsere Glaubenssätze das Resümee oder die Verallgemeinerung dieser Erfahrungen, z. B. «Traue keinem Menschen, außer dir selbst» oder «Ich schaff es alleine». Wir können an ihnen relativ einfach rütteln, indem wir ihre Allgemeingültigkeit hinterfragen: «Ist das immer so?», «Gilt das in jeder Situation?», «Mit jedem Menschen?», «Habe ich auch mal andere Erfahrungen gemacht?».

Inneres Wachstum bedeutet auch, sich den eigenen ungeliebten Seiten, den Schattenseiten unserer Persönlichkeit zu stellen und konstruktive Formen zu finden, mit ihnen umzugehen. Viele Menschen sind verunsichert durch die Vielschichtigkeit des eigenen Erlebens. Vor allem dann, wenn sich die einzelnen Teile auch noch widersprechen. Es gehört zum Wesen des Menschen, dass er nicht nur über positive, sondern auch über destruktive Fähigkeiten, Gefühle und Impulse verfügt. Jeder Mensch hat Eigenschaften, die er nicht mag, die ihm schaden oder die ihn in Konflikte mit seinem eigenen Glaubens- und Wertesystem bringen.

Wir Menschen sind jedoch unseren Schattenseiten nicht hilflos ausgeliefert, wir müssen sie nicht zwangsläufig leben und ausagieren, sondern haben eine echte Wahlmöglichkeit. Jemand, der seine destruktiven Seiten kennt und sie als Teil von sich akzeptieren kann, verhindert, dass sie unbewusst Einfluss auf das Handeln nehmen, und nimmt ihnen gleichzeitig ein Stück der Dynamik.

Ähnliches gilt für die eigene Gefühlswelt. Der Mensch kann seine Gefühle nicht manipulieren, aber er kann sie beeinflussen, vorausgesetzt, er ist sich ihrer bewusst. Besonders in Situationen, die einem sehr nahe gehen oder bei denen viel auf dem Spiel steht, gibt es häufig «mehrere Seelen in der Brust». Man kann sie sich wie ein inneres Team vorstellen, das zusammen an einem Tisch sitzt (siehe Schulz von Thun, «Das Innere Team»). Je bedeutsamer das Thema ist, umso heißer geht es an diesem Tisch zu. Da gibt es laute und leise Stimmen, Verbündete und Gegner, Mächtige und Ohnmächtige, welche, die Recht haben, und andere, die vermitteln wollen. Manche Teile dieses Teams erleben wir als unterstützend, andere als störend. Dennoch gehören sie alle zu unserer inneren Welt und entfalten Wirkung.

Die inneren Stimmen lassen sich nicht so einfach zum Schweigen bringen. Genau genommen haben wir nur die Wahl, sie entweder bewusst in ihrer Vielfalt wahrzunehmen oder uns von ihnen abzuspalten. Natürlich würden wir am liebsten nur selektiv fühlen, z. B. nur Glück, Freude und Lebendigkeit. Doch das gelingt nicht. Wollen wir die eher unangenehmen Teile ausblenden, schneiden wir uns auch von den angenehmen ab. Es ist wie in Beziehungen. Wenn wir uns für Nähe öffnen, öffnen wir uns auch für Verletzungen. Beides gibt es nur im Gesamtpaket.

Davon abgesehen, dass wir nur die Wahl haben, uns für unsere Gefühlswelt zu öffnen oder zu verschließen, haben auch die eher unangenehmen Teile, wie Angst, Unsicherheit, Traurigkeit, Ärger usw. genauso wichtige Aufgaben und Funktionen für unser Wohl wie die angenehmen. Hätten wir z. B. keine Angst, wären wir wahrscheinlich nicht mehr am Leben. Gäbe es keine Traurigkeit, könnten wir uns nicht von wichtigen Themen und Menschen verabschieden und uns frei machen für etwas Neues.

Wir haben die Möglichkeit, mit unserer inneren Welt zu kommunizieren. Dazu gehört – wie bei jeder guten Kommunikation – die Fähigkeit, gut zuhören zu können. So können wir bei einem Thema, das uns sehr aufwühlt, uns ein paar Minuten Zeit nehmen und einfach mal in uns lauschen und die einzelnen Stimmen identifizieren. Da gibt es dann vielleicht den «Ängstlichen», den «Kosten-Nutzen-Denker», den «Gekränkten», den «Stolzen», den «Kleinen», den «Mutigen» und den «Gelassenen» und vielleicht noch viele mehr. Auch wenn wir es in dem betreffenden Moment nicht so erleben, hat jeder dieser Teile grundsätzlich eine positive Funktion: Angst schützt uns z. B. vor Verletzungen, oder «der Kleine» bewahrt uns unsere Neugierde oder Spielfreude.

Die Versöhnung mit unseren ungeliebten Teilen ermöglicht mehr Gelassenheit und damit einen konstruktiveren Umgang mit unserer Gefühlswelt. Dabei hilft neben der Frage nach der positiven Funktion häufig auch die Erinnerung an Situationen, in denen dieser Anteil uns entscheidend geholfen hat.

Wenn wir uns dieser positiven Aspekte gewahr werden, findet in unserem Inneren eine gewisse Entspannung statt, weil wir uns selbst die grundlegende Botschaft vermitteln: «Gut, dass es diese Gefühle gibt, auch wenn ich mich gerade von ihnen gestört fühle.» In Seminaren wird häufig die grundlegende Feedbackregel gelehrt, dass man immer nur das Verhalten kritisieren soll, nie die Person. Gleiches gilt auch für unser Inneres.

FRAGEN AN DEN LESER

Wie oft nehmen Sie sich die Zeit, Ihre Erfahrungen zu reflektieren und von ihnen zu lernen?

Kennen Sie Ihr «Inneres Team»?

Sind Sie mit Ihren Schattenseiten versöhnt?

Konstruktiv der Welt begegnen

Jeder Mensch trägt eine Vielzahl von emotionalen und psychischen Altlasten mit sich herum. Sie hindern ihn daran, in der Gegenwart, im «Hier und Jetzt», zu leben, setzen ihn auf die falsche Spur und binden viel Energie, die dann an innerer Lebendigkeit und Beweglichkeit fehlt. Manche von diesen Altlasten sind so tief im Unbewussten versteckt, dass es zu ihnen keinen Zugang gibt. Um diese aufzudecken, braucht es professionelle Hilfe.

Andere dieser Altlasten sind jedoch wesentlich leichter zu erkennen und zu verändern, z. B. «offene Rechnungen» gegenüber anderen Menschen oder uns selbst. All die unerledigten Geschichten, die wir anderen oder uns selbst nachtragen, halten uns in der Vergangenheit gefangen und versperren uns ein Stück Zukunft. Das gilt sogar für Kleinigkeiten, z. B. das ausgeliehene Buch, das man schon vor Jahren zurückgeben wollte, oder den versprochenen Anruf, den man nicht getätigt hat. In noch viel größerem Maße gilt es aber für tiefe emotionale Verletzungen, bei denen andere Menschen einem selbst oder man selbst ihnen großes Unrecht zugefügt hat.

In der Regel distanziert man sich von den Menschen, zu denen offene Rechnungen bestehen, sei es aus Enttäuschung, Verärgerung oder schlechtem Gewissen. Das Paradoxe ist, dass uns ausgerechnet diese Menschen innerlich sehr nahe sind. Jemand, der uns so sehr enttäuscht hat, dass wir nie wieder etwas mit ihm zu tun haben wollen, geht uns beim Einschlafen nicht mehr aus dem Kopf, und spätestens, wenn wir morgens unter der Dusche stehen, drängt er sich wieder in unsere Gedanken und Gefühle. Die Beziehung zwischen «Gläubigern» und «Schuldnern» ist eine der engsten überhaupt.

Ein Extrembeispiel dafür ist das Gefühl von Hass. Ein Mensch, der einen anderen Menschen hasst, schaufelt emotional immer auch sein eigenes Grab. Die entscheidende Falle dabei ist meist, dass man sich selber im Recht, den anderen im Unrecht sieht, was natürlich auch objektiv betrachtet durchaus so sein kann. Nur ist der innere Preis an eigenem Wohlbefinden, den es für das Festhalten an dieser offenen Rechnung zu zahlen gilt, häufig extrem hoch.

Unabhängig davon, wer bei wem und womit in der Schuld steht, hat jeder Mensch die Möglichkeit, offene Rechnungen einzufordern, zu begleichen oder gar abzuschreiben. Wenn wir jemandem die Schuld an unserem Unglück geben, ist es schwer, an einer glücklichen Zukunft zu arbeiten, würden wir doch damit beweisen, dass es gar nicht so schlimm war.

Aber auch die offenen Rechnungen uns selbst gegenüber, Fehler, die wir uns nicht verzeihen, Chancen, die wir verpasst haben, Schwächen, die wir uns übel nehmen, Schicksalsschläge, mit denen wir hadern, lassen uns emotional und gedanklich in der Vergangenheit verharren. Wir können uns von diesen Altlasten nur befreien, wenn wir bereit sind, sie loszulassen, uns mit ihnen zu versöhnen, und uns auf das konzentrieren, was wir verändern wollen und vor allem auch können.

Wie heißt es so schön in einem Gebet, über dessen Herkunft die Wissenschaftler streiten: «Gott gebe mir die Gelassenheit, die Dinge hinzunehmen, die ich nicht ändern kann, den Mut, die Dinge zu ändern, die ich ändern kann, und die Weisheit, das eine vom anderen zu unterscheiden.»

Ein Wechsel der Blickwinkel

Beschäftigt man sich mit sinnvollem Erfolg, helfen Kriterien wie richtig und falsch, gut und böse nicht mehr weiter. Die äußere Welt ist so komplex, dass ihre lineare Betrachtung immer nur einen kleinen Ausschnitt der Wirklichkeit wiedergibt. Sokrates hat dies mit seinem berühmten Satz «Ich weiß, dass ich nichts weiß» schon vor langer Zeit formuliert. Ähnliches gilt für unsere innere Welt. Das klassische Ursachen-Wirkungs-Prinzip mag vielleicht noch für manche technische Vorgänge gelten. Überall dort, wo Menschen miteinander interagieren, gilt es nur noch begrenzt.

Manche Menschen tragen eine Art Scheuklappe, die nur eine sehr eingeschränkte Wahrnehmung der Welt erlaubt. In einigen Situationen ist das sehr hilfreich, z. B. wenn wir uns in großer Gefahr befinden und unverzüglich handeln müssen. Diese Momente sind jedoch eher selten. Und häufig lohnt es sich, ein Thema von verschiedenen Seiten zu betrachten.

Ein kleines Beispiel, das die Rhetorik- und Kommunikationswissenschaftlerin Gudrun Fey in einem Vortrag vorstellte, mag dies illustrieren: «Stellen Sie sich vier Menschen vor, die gemeinsam um einen Tisch sitzen, in dessen Mitte eine Tasse steht. Von rechts betrachtet, hat sie den Henkel vorne, von vorne – rechts, von hinten – links und von links – ist es keine Tasse mehr, sondern ein Becher.»

Vielleicht ruft jetzt einer der Leser: «Der Linke hat Unrecht, weil es eine Tasse und kein Becher ist. Also funktioniert das Polaritätssystem doch noch.» Stimmt – aber kein Mensch kann wissen, ob er nicht gerade rechts am Tisch sitzt und ihm entscheidende Informationen fehlen. Wir wissen nie, wo wir gerade sitzen. Und manchmal noch nicht einmal, an welchem Tisch. Oder, um es mit Schopenhauer zu sagen: «Bei gleicher

Umgebung lebt doch jeder in einer anderen Welt.» Was der Mensch davon wahrnimmt, ist immer auch Ausdruck seiner eigenen Person.

Wenn Menschen zusammenkommen, gibt es immer verschiedene Wahrheiten, die sich manchmal sogar unmittelbar widersprechen. Denken Sie nur an einen klassischen Konflikt. Die Fixierung auf die «eine» Wahrheit schafft eine Trennung, und statt den Konflikt zu lösen, geht es plötzlich darum, wer Recht und wer Unrecht hat. In der Regel gibt es dann einen Gewinner und einen Verlierer, wobei Letzterer nichts unversucht lassen wird, sich beim nächsten Mal seinerseits durchzusetzen. Es ist eine offene Rechnung entstanden, die irgendwann präsentiert werden wird.

Die Perspektive wechseln zu können ist übrigens auch das Erfolgsrezept eines der Großen der Wirtschaft. So sagte Henry Ford: «Wenn es ein Geheimnis des Erfolges gibt, so ist es das: den Standpunkt des anderen verstehen und die Dinge mit seinen Augen sehen.»

Es ist sehr leicht, Einfluss auf die eigene Wahrnehmung der Welt zu nehmen. Wenn Sie das nächste Mal wutentbrannt einen Mitarbeiter zusammenstauchen wollen, halten Sie vor der Türe einen Moment inne und erinnern Sie sich daran, was Sie an diesem Menschen schätzen. Und schon stehen zwei oder mehrere Wahrheiten nebeneinander. Der Mitarbeiter hat einen Fehler gemacht, *und* er ist sehr engagiert und zuverlässig, *und* Sie mögen seinen Humor ... Damit ist nicht gemeint, jeden und alles nur noch durch die rosarote Brille zu sehen. Es gibt viele Zwischentöne, und Menschen sollten schon mehr als einen Ton beherrschen, um konstruktiv zu kommunizieren.

In einem unserer Seminare lassen wir die Teilnehmer, noch bevor sie sich vorgestellt haben, eine kleine Übung machen, wir nennen sie «Bauch-Geschenke». Wann immer wir Menschen begegnen, die wir nicht kennen, haben wir Phantasien und innere Bilder davon, wie sie wohl sein mögen. Die Aufgabe an die Teilnehmer ist, in ihrer Kleingruppe die anderen Menschen gründlich zu mustern und auf sich wirken zu lassen, was im Alltag größte Irritationen hervorrufen würde. Dann werden die positiven Phantasien über jede einzelne Person herausgefischt und schriftlich festgehalten. Anschließend werden die Phantasien kommuniziert. Wie sagte einer unserer Seminarteilnehmer: «Es ist immer wieder erstaunlich, wie viel Gutes man in einem Menschen entdecken kann und wie zutreffend vieles davon ist.»

Genauso einfach ist es, auch im Alltag die Welt ein bisschen freundlicher zu gestalten. Ein freundliches Wort, ein Danke, eine Entschuldigung oder ein Lächeln kann in Sekunden die Welt eines Menschen verändern. Es wird zum wesentlichen Rüstzeug der Menschen für die Zukunft gehören, verschiedene Blickwinkel einnehmen zu können und diese Verschiedenheit als Bereicherung zu erkennen und zu erleben.

FRAGEN AN DEN LESER

Welche «offenen Rechnungen» fallen Ihnen spontan ein?

Schenken Sie sich die Freiheit, verschiedene Blickwinkel einnehmen zu dürfen?

Wann haben Sie das letzte Mal die Welt ein bisschen freundlicher gemacht?

Stimmigkeit und Win-Win-Situationen

Unsere Hauptaufgabe als Trainer und Coaches besteht oft darin, neue Blickwinkel aufzuzeigen (nicht bessere oder richtigere). Für viele Menschen bedeutet diese Vielschichtigkeit in der inneren und der äußeren Welt eine große Verunsicherung. Einfaches «Schwarz-Weiß-Denken» gibt Halt, Sicherheit und Klarheit und vereinfacht die Komplexität des Lebens.

Hier hilft es, in uns eine innere Instanz von Stimmigkeit zu entwickeln, der wir vertrauen können. Jeder Kreditsachbearbeiter einer Bank kennt die Situation: Alle notwendigen Fakten sind mehrfach geprüft, nichts steht einem positiven Kreditbescheid mehr im Wege, außer einer leisen inneren Stimme, die da sagt: «Ich weiß nicht, ich weiß nicht, ich habe ein ungutes Gefühl.» Der bereits gezückte Füllfederhalter, bereit zur Unterschrift, wird wieder eingepackt, die Entscheidung auf morgen vertagt. Und am Ende stellt sich heraus, das manches einfach nicht zusammenpasst.

Jeder von uns hat eine Vielzahl ähnlicher Situationen erlebt, und oft genug hätten wir uns im Nachhinein gewünscht, doch auf diese innere Stimme gehört zu haben. Aber Vorsicht – auf diese Stimme können wir uns nur verlassen, wenn wir uns selbst gut kennen. Sonst warnt sie uns vor Gefahren, die es irgendwann in unserer Vergangenheit mal gegeben hat, die in dieser konkreten Situation jedoch gar nicht bestehen. In jedem Falle aber lohnt es sich, in solchen Momenten innezuhalten, dem Gefühl nachzuspüren und es bewusst zu prüfen.

Stimmigkeit ist ein ganzheitliches Erleben, das sämtliche Wahrnehmungskanäle nach innen und außen einschließt, vor allem aber unser Denken, unsere Gefühle und Empfindungen. Stimmigkeit ist wie ein Akkord, bei dem verschiedene Töne zusammen eine Harmonie ergeben. Dieser Akkord kann aufregend, herausfordernd, freudig oder auch trist sein, aber wir hören sofort, wenn er nicht stimmt. Der Resonanzkörper sind wir selber.

Stimmigkeit ist wie ein Puzzle, das sich aus verschiedenen Teilen zu einem ganzen Bild zusammensetzt. Dafür braucht man Zeit. Dennoch ist dies der schnellste Weg zu einer tragfähigen Lösung. Unser Unterbewusstsein arbeitet an dieser Lösung wie ein Computersystem. Es sortiert und filtert die unterschiedlichsten Situationen und Wahrnehmungen, bewertet sie, setzt sie zueinander in Verbindung und prüft, ob es gelingt, zwischen ihnen eine Win-Win-Situation herzustellen. Gelingt dies, sind wir mit uns und der Situation im Einklang, ansonsten entsteht ein inneres Dilemma, weil der Vorteil der einen Sache zum Nachteil einer anderen wird.

Damit unser Unbewusstes seine Tätigkeit optimal ausüben kann, müssen wir unser Bewusstsein manchmal auf ein anderes Thema richten: Wenn eine wichtige Entscheidung ansteht, prüfen wir alle Für und Wider, versuchen die Lösung zu erzwingen und drehen uns schließlich im Kreis. Wenn wir loslassen können, uns mit etwas anderem beschäftigen, nimmt unser Unterbewusstsein die Arbeit auf. Und kommt manchmal, quasi im Schlaf, zu verblüffend guten Lösungen.

Diese Stimmgabel können wir auch nutzen, um die Kompatibilität von unserem Sinn und unseren Werten mit unseren Zielen und Handlungen zu überprüfen. Früher oder später spüren wir, ob wir auf dem richtigen Weg sind oder uns verlaufen haben.

Alfred Herrhausen sagte einmal: «Handlung folgt der Haltung.» Die Haltung, mit der wir der Welt begegnen, bestimmt unsere Sicht der Welt. Und unsere Sicht der Welt bestimmt unser Handeln. Wenn wir im Einklang mit unserem Sinn und unseren Werten leben und diese durch unser Handeln in die äußere Welt tragen, engagieren wir uns automatisch auch für das Wohl anderer Menschen.

Früher galt es als Tugend guter Kaufleute, darauf zu achten, dass beide Seiten mit dem Handel zufrieden sind. Dass es einen fairen Ausgleich zwischen Geben und Nehmen gibt. Dass der Einzelne auch eine gewisse Verantwortung für das Wohl seiner Mitmenschen übernimmt. Voraussetzung dafür ist Respekt und Wertschätzung. Ein erfolgreicher Unternehmer war bekannt dafür, dass er Verhandlungsgesprächen meistens den Satz voranstellte: «Ich möchte, dass es Ihnen bei unserem Geschäft richtig gut geht, nur zu gut sollte es Ihnen auch nicht gehen.»

Diese Haltung macht andere Menschen zu Partnern bei der Suche nach Lösungen zum Wohle aller Beteiligten. Das ist manchmal nicht ganz einfach, kollidieren doch auf den ersten Blick häufig die Interessen. Die Grundvoraussetzung für stimmige Lösungen ist und bleibt aber die Wertschätzung anderer Menschen.

Menschen haben unterschiedliche Stärken und unterschiedliche Interessen. Nehmen wir z. B. ein Kreativteam wie ein Entwicklungs- oder Marketingteam. Völlig zu Recht braucht man dort Menschen, die sich der Umsetzbarkeit und der Kostenseite widmen. Häufig sind sich die «Kreativen» und die «Realisten» jedoch nicht sonderlich grün. Während die einen ein kreatives Brainstorming machen, funken die anderen immer dazwischen und weisen auf die Probleme hin: «Ist euch eigentlich klar, was das kostet?»

Schnell hält die eine Seite die andere für Spinner und Störenfriede. Die Kreativen werden aufhören, kreativ zu sein, die Realisten werden aufhören, ihre Aufgabe wahrzunehmen, weil sie gegenseitig keine Wertschätzung erfahren. Könnten beide Seiten den Blickwinkel der anderen anerkennen und Rituale im Umgang miteinander entwickeln, würden die einen die Freiheit spüren, ungehemmt kreativ sein zu können, weil anschließend ihre Ideen auf den Prüfstand der Machbarkeit kommen.

Auch für die Herstellung von Win-Win-Situationen zwischen den Beteiligten ist Stimmigkeit der Schlüssel. Aus diesem Grund achten wir bei unserer Arbeit mit Teams und Unternehmen vor allem auf die Stimmigkeit von Lösungen – denn nur stimmige Lösungen sind auf Dauer tragfähig.

Das Engagement für Win-Win-Situationen hat nichts mit Altruismus zu tun, ganz im Gegenteil. Was wir in andere Menschen investieren, erhalten wir in der Regel als ein Vielfaches zurück. Der einfachste Weg, gemocht zu werden, ist, andere Menschen zu mögen. Ein «Return of Investment», von dem man bei Börsenspekulationen nur träumen kann.

Eine der wesentlichen Ressourcen, um Win-Win-Situationen herzustellen, ist die Fähigkeit, Dankbarkeit empfinden zu können. Wer das Gefühl hat, im Leben zu kurz gekommen zu sein, kann sich keine Großzügigkeit leisten. Natürlich ist das nicht so einfach, wenn man gerade mal wieder mit seinem Schicksal hadert. Aber selbst dann ist es meistens möglich, gute Gründe zu finden, dankbar zu sein, vorausgesetzt, man schaut ein bisschen genauer hin.

Der Mensch tendiert dazu, vieles für selbstverständlich zu halten. Dass es gar nicht so selbstverständlich ist, merken wir bisweilen erst dann, wenn wir Kostbares verloren haben, z. B. unsere Gesundheit, unsere Freunde, unseren Wohlstand. Aber wir müssen gar nicht so hoch greifen. Wo ist die Dankbarkeit für all das, was wir heute vom Leben geschenkt bekommen haben? Zum Beispiel ein freundliches Lächeln, eine unerwartete Unterstützung, Situationen, in denen wir einfach Glück gehabt haben, aber auch der Duft einer Blume oder das Scheinen der Sonne, die uns Freude bereitet haben.

Im Coaching lassen wir unsere Klienten manchmal ein Tagebuch der Dankbarkeit führen – für die meisten im ersten Augenblick ein irritierender Gedanke. Umso erstaunter sind sie darüber, was man an einem Tag so zusammentragen kann und wie sich das eigene Befinden durch die bewusste Wahrnehmung verändert.

Dankbarkeit wirkt auf mehreren Ebenen. Sie gibt dem Menschen inneren Halt und ein gewisses Maß an Immunität gegenüber den vielen kleinen und großen Nackenschlägen des Lebens. Sie gibt dem Menschen auch ein Stück Demut und die Erkenntnis, dass nicht alles in seinen Händen liegt. Dankbarkeit schafft auch Verbundenheit und Versöhnung mit sich selbst, mit anderen Menschen, mit dem Leben. Und nicht zuletzt motiviert Dankbarkeit auch dazu, etwas zurückzugeben. Damit ist sie ein wichtiges Bindeglied zwischen Sinn und Erfolg.

FRAGEN AN DEN LESER

Können Sie Ihrer inneren Instanz von Stimmigkeit vertrauen?
Engagieren Sie sich für Win-Win-Situationen?
Gönnen Sie sich, dankbar zu sein?

Dem Sinn Form und Richtung geben

Das Thema «Innere Entwicklung» ist so alt wie die Menschheit. Religionen gaben und geben ein kollektives Leitbild vor, eine Orientierung für die innere Entwicklung. In der Essenz sind sich darin alle großen Religionen wie Islam, Buddhismus und Christentum sehr nahe. Sie verwenden unterschiedliche Metaphern, um den Menschen in seinen spirituellen und menschlichen Aspekten zu berühren. Es ist Aufgabe des Menschen, dafür seine eigene, ganz persönliche Form zu finden, diese Tiefe zu leben. Wird ihm jedoch diese Form übergestülpt, indem die Metaphern eins zu eins als die einzig wahre Realität postuliert werden, so wird der Blick entweder sehr eng (Fanatismus und Fundamentalismus), oder der Mensch wendet sich vom Glauben ab.

Aber Entwicklung ist nicht nur Selbstzweck. Sie ist in dem Maße sinnstiftend, in dem wir unsere Potenziale, unsere Talente und besonderen Fähigkeiten in die Gesellschaft, in der wir leben, einbringen. Manche dieser Fähigkeiten sind uns in die Wiege gelegt worden, andere haben wir uns hart erarbeitet. Derartige Ressourcen zu haben impliziert gleichzeitig auch die Verpflichtung, sie anzuwenden, und zwar sowohl zum eigenen Wohl als auch zum Wohl anderer Menschen. Wenn wir darauf verzichten, sie der Welt oder uns selbst vorenthalten, so bilden sie sich zurück – wie ein Muskel, der nicht trainiert wird.

Die innere Lohnerhöhung

Sein Bestes zu geben, die eigenen Fähigkeiten voller Engagement einzubringen, schafft tiefe innere Befriedigung und ermöglicht gleichzeitig, die eigenen Grenzen auszutesten und zu verschieben. Und obwohl man dafür viel Energie braucht, fließt sie dem Menschen mindestens in gleichem Maße wieder zu. Jeder kennt eine Vielzahl von Situationen im Beruf, aber auch im Privatleben, in denen er «voll da» war und sich energiegeladen und ressourcevoll dabei gefühlt hat. Zurückhaltung hingegen bindet Energie und senkt damit das gesamte Energieniveau nach unten. Der Mensch lebt dann innerlich auf «Sparflamme».

Viele Menschen gehen einer an sich sehr sinnvollen Tätigkeit nach, haben jedoch den Kontakt zu dem Sinn ihres Tuns verloren. Es ist für sie einfach eine mehr oder weniger angenehme Arbeit, die notwendig ist, um den eigenen Lebensunterhalt zu bestreiten. Dabei kann die gelegentliche Wiederbesinnung auf die Sinnhaftigkeit das eigene Erleben sehr bereichern: So findet ein Zeitungsausträger seinen Job möglicherweise nicht besonders anspruchsvoll – wenn es ihm jedoch gelänge, sich von Zeit zu Zeit ins Gedächtnis zu rufen, dass er anderen Menschen mit seiner Arbeit einen guten Start in den Tag bereitet, könnte er seinem Tun wieder tieferen Sinn geben.

Manche Menschen, für die es sich finanziell nicht lohnt, arbeiten zu gehen, weil sie durch die Sozialsysteme genauso viel Geld bekommen, sehen häufig keinen Sinn darin, eine Tätigkeit aufzunehmen. Sie suchen den Sinn am falschen Ort, nämlich in der Quantität des Geldes, statt in der Qualität des eigenen Handelns, und verzichten neben der äußeren auch noch auf die innere Bereicherung. Schade. Verbundenheit mit Sinn schafft eine tiefe Befriedigung. Sie gibt dem Dasein eine Bedeutung.

Die Passivität mancher Menschen wird häufig noch dadurch bestärkt, dass sie sich chronisch als Opfer äußerer Umstände erleben. Opfer zu sein ist eine der unangenehmsten Erfahrungen, bedeutet es doch, die eigene Handlungsfähigkeit verloren zu haben. Auf der anderen Seite ist diese Rolle auch sehr bequem, weil man die Verantwortung für das eigene Leben von sich weisen kann.

Verantwortung für das eigene Leben zu übernehmen erfordert Mut und die Bereitschaft, Fehler zu machen und immer wieder auch einmal zu scheitern. Ein entscheidender Schlüssel, um sich in Bewegung zu setzen und sein Leben aktiv zu gestalten, sind die eigenen Wünsche und Bedürfnisse.

Jeder Mensch verfügt über eine Vielzahl von Wünschen. Manche Menschen geben ihren Wünschen jedoch nicht die Bedeutung, die ihnen zusteht, und fokussieren stattdessen auf die möglichen Einschränkungen ihrer Umsetzbarkeit. Das ist, als ob sie in ein Restaurant gehen und auf die Bestellung verzichten, weil sie befürchten, der Kellner könnte sagen, dieses Gericht sei leider ausgegangen.

Zu den eigenen Wünschen und Bedürfnissen zu stehen macht uns Menschen Angst, weil wir uns emotional abhängig von ihrer Erfüllung machen. Wenn wir etwas wirklich wollen, tut es uns weh, wenn wir es nicht bekommen. Dies kann man elegant umgehen, indem man den Wünschen keine Realität gibt, sondern sie im Stadium von schönen Träumen belässt. Zu träumen kostet nichts, die eigenen Wünsche realisieren zu wollen erfordert hingegen Mut und Engagement. Dabei bedeutet zu unseren Wünschen zu stehen, zu uns selbst zu stehen. Zu scheitern ist dann nicht das wesentliche Problem, es gar nicht erst probiert zu haben, hingegen schon.

Einer unserer tiefsten Wünsche ist, unseren Sinn, unsere

Spiritualität, unsere Menschlichkeit und unsere besonderen Fähigkeiten in der realen Welt auszuleben. Wenn wir Zugang zu diesen Wünschen haben und sie realisieren wollen, suchen wir automatisch Situationen, in denen wir unser Potenzial optimal einsetzen und mit unserem Engagement am meisten bewirken können. Man könnte auch von einer Mission sprechen, die dem Menschen eine klare Orientierung gibt, einem Kompass vergleichbar.

FRAGEN AN DEN LESER

Welche Rolle spielt Zurückhaltung in Ihrem Leben?
Was ist für Sie der tiefere Sinn Ihrer Tätigkeit?
Erlauben Sie sich, zu Ihren Wünschen zu stehen?

Die Lust, Zukunft zu gestalten

Fast alle wichtigen Veränderungen basieren auf einer Vision. Ausgehend von der Realität, schauen sie weit über diese hinaus. Johann Wolfgang von Goethe sagte dazu: «In der Idee leben heißt, das Unmögliche zu behandeln, als wenn es möglich wäre.» Vielleicht werden Sie jetzt einwenden: «Aber das ist doch völlig irreal», oder wie ein ehemaliger Bundeskanzler: «Wer Visionen hat, sollte zum Arzt gehen.» Visionen sind jedoch weder Träume und Phantasien noch ein Wunschzettel an den Weihnachtsmann.

Manche Visionen mögen Außenstehenden als Utopien erscheinen. Wer hätte damals gedacht, dass Gandhis Vision einer friedlichen Befreiung Indiens möglich sein könnte. Gott sei Dank ist er nicht zum Arzt gegangen, genauso wenig wie viele andere Visionäre und Erfinder. Aber wer traut sich schon, sich mit großen Visionären zu vergleichen? Sind sie nicht nur

Ausnahmen in der Geschichte der Menschheit? Ihre Visionen haben häufig eine Wirkung entfaltet, welche die gesamte Menschheit beeinflusst und unmittelbar erkennbar verändert hat.

Aber Visionen finden auch im Kleinen statt. Ein Lehrer, der eine klare Vorstellung davon hat, was er mit seiner Arbeit bei seinen Schülern bewirken will, ein Kleinunternehmer, der eine neue Geschäftsidee entwickelt, die seinen Kunden zugute kommt, ein Kommunalpolitiker, der sich für das Wohl seiner Mitmenschen einsetzt, die Eltern, die ihren Kindern positive Grundlagen für deren Leben geben. Es gibt viele kleine Gandhis auf dieser Welt. Sie alle nutzen ihre Vorstellungskraft, um einen Blick in eine bessere Zukunft zu werfen und diese aus einem inneren Antrieb heraus mitzugestalten.

Nicht jeder Mensch muss notwendigerweise über eine eigene, von ihm höchstpersönlich entwickelte Vision verfügen. Viele Menschen teilen Visionen miteinander. Damit diese ihre Wirkung in dem einzelnen Menschen entfachen, müssen sie für ihn stimmig sein.

Eine Vision gibt dem Menschen Sinn und Orientierung für sein Handeln im Alltag. Sie ist wie ein Fixstern am Himmel, der so hell leuchtet, dass auch alltägliche Probleme nicht den Blick auf die Vision verstellen. Eine Vision muss attraktiv sein, braucht ein hohes Maß an Energie, sonst lockt sie niemanden hinter dem Ofen vor.

Diese Energie speist sich aus zwei wesentlichen Quellen: der Stimmigkeit der Vision für die innere und äußere Welt und dem Spannungsverhältnis zwischen Vision und aktueller Realität. Die Vision entspringt einem tiefen inneren Bedürfnis, und ihre Form ist kompatibel mit dem eigenen Sinn- und Wertesystem und ökologisch im Bezug auf die äußere Welt, d. h., sie geht über den eigenen Egoismus hinaus. Das ist enorm wichtig, um die Triebkräfte zu bündeln, wie bei einer Rakete. Wenn die Schubkräfte gegeneinander arbeiten, z. B. indem die Vision den eigenen Werten widerspricht oder anderen Menschen schadet, passiert entweder gar nichts – oder die Rakete wird zu einer Bombe und implodiert.

Stimmige Visionen haben etwas Atemberaubendes, stoßen auf tiefe Zustimmung im Inneren und lösen den starken Drang aus, sich in Bewegung zu setzen. Voraussetzung dafür ist, dass zwischen Ist und Soll eine ausreichende Spannung besteht. Ist der Abstand zwischen der Realität und der möglichen Zukunft zu klein, sind wir nicht bereit, uns für dieses bisschen in Bewegung zu setzen. Ist der Abstand zu groß, wird die Vision zur Utopie und kehrt damit wieder in das Stadium eines Traumes zurück. Eine Vision braucht ein großes Maß an Herausforderung, ohne zu überfordern.

Wie ent-wickelt man eine Vision? Indem man die Ver-wicklungen löst. Michelangelo hat dies sehr schön beschrieben, als er gefragt wurde, wie er es schafft, aus einem Steinblock seine atemberaubend schönen Statuen zu fertigen. Seine Antwort: «Das ist ganz einfach. Die Statue ist schon da, ich muss nur noch den überflüssigen Stein wegschlagen.»

Visionen kann man nicht auf dem Reißbrett konstruieren. Die tollsten Ideen und Vorstellungen bleiben Theorie, wenn sie keine stimmige Resonanz in unserer Tiefe finden. Visionen entstehen im alltäglichen Dialog zwischen innerer und äußerer Welt. Sie sind bereits in uns, bevor wir sie wahrnehmen. Aber wir können uns für sie öffnen und an ihnen basteln. Treffen wir dabei auf tiefe innere Zustimmung und Begeisterung, sind wir auf dem richtigen Weg.

Visionen sind keine unumstößliche Festschreibung der

Zukunft. Visionen haben eine mittel- oder langfristige Perspektive, sie können sich verändern. Im Gegensatz zu Zielen, die exakt definiert werden können, sind Visionen offener: Die Form und der Weg, auf dem sie verwirklicht werden, ist nicht festgelegt.

Visionen sind bildhafte innere Vorstellungen einer erwünschten Zukunft. Damit sie ihre volle Wirkung entfalten können, ist es hilfreich, sie dem Bewusstsein auch im Alltag zugänglich zu machen, indem man sie malt oder in eine sprachliche Form bringt. Dabei gelten ähnliche Regeln wie bei einer korrekten Zielformulierung: Sie müssen positiv formuliert sein, dürfen keine Vergleiche enthalten, sind überprüfbar (qualitativ), terminiert (im Sinn von Perspektive) und im Wesentlichen selbstinitiierbar. Es lohnt sich, so lange daran zu feilen, bis wir eine kongruente, tiefe Zustimmung in uns spüren.

Visionen stimulieren durch ihre Tiefe und Stimmigkeit die Kreativität des eigenen Unbewussten. Sie berühren dadurch auch andere Menschen in deren Sinn- und Wertesystem und haben somit etwas Mitreißendes. Jeder gute Werbepsychologe, Politiker oder Chef macht sich dies zunutze, indem er mit seiner Botschaft die Menschen in ihren Werten berührt, z. B. durch Slogans wie «Nur das Beste für Ihr Kind».

FRAGEN AN DEN LESER

Welche Bilder verbinden Sie für sich mit einem erfüllten Leben?
Fühlen Sie sich einer Vision verbunden?
Wie jung oder alt fühlen Sie sich eigentlich, wenn es um Ihre Träume und Visionen geht?

Wie bleibt man jung?

Jugend ist nicht ein Lebensabschnitt –
sie ist ein Geisteszustand.
Sie ist Schwung des Willens,
Regsamkeit der Phantasie,
Stärke der Gefühle,
Sieg des Mutes über Feigheit,
Triumph der Abenteuerlust über die Trägheit.

Niemand wird alt, weil er eine Anzahl
Jahre hinter sich gebracht hat.
Man wird nur alt, wenn man seinen Idealen
Lebewohl sagt.
Mit den Jahren runzelt die Haut,
mit dem Verzicht auf Begeisterung
aber runzelt die Seele.

Du bist so jung wie deine Zuversicht,
so alt wie deine Zweifel.
So jung wie dein Selbstvertrauen
so alt wie deine Furcht.
So jung wie deine Hoffnungen,
so alt wie deine Verzagtheit.

Solange die Botschaften der Schönheit,
Freude, Kühnheit, Größe dein Herz erreichen,
solange bist du jung.

Resümee Teil I

Veränderung beginnt immer bei einem selbst. Das ist auch nahe liegend, hat man doch die Schlüsselgewalt über die eigene Person. Niemand kann einen ernsthaft daran hindern, sich zu verändern. Bei dem Wunsch nach Veränderung spielt es keine Rolle, ob die Motivation dafür aus der Lust auf Veränderung kommt oder aus einer Unzufriedenheit heraus resultiert. Für Letzteres gilt der Satz von Alt-Bundespräsident Richard von Weizsäcker: «Das beste Mittel gegen Verdrossenheit ist es, sich selbst zu aktivieren.»

Letztlich geht es beim Thema «Sinnvoller Erfolg» um Gleichgewicht: Um das Gleichgewicht zwischen Sein und Tun, um das Gleichgewicht zwischen innerer Entwicklung und äußerem Erfolg, um das zwischen Geben und Nehmen, zwischen innerer und äußerer Ökologie. Es ist ein Fließgleichgewicht, weil wir uns ständig verändern, ebenso wie die Welt um uns herum.

Kein Mensch lebt ständig mit sich und seiner Umgebung in Balance. Das ist vielleicht auch gut so, weil wir uns sonst zu wenig bewegen würden. Oft sind es erst die kleinen oder größeren Krisen, die uns zum Handeln motivieren. Manchmal tut es auch einfach gut, ausschließlich dem äußeren Erfolg hinterherzujagen, z. B. um das eigene Selbstwertgefühl aufzubauen. Solange man den richtigen Zeitpunkt spürt, innezuhalten, ist das kein Problem. Man kann diesen Zeitpunkt häufig daran erkennen, dass man trotz größter Anstrengungen nicht mehr vorankommt. Wenn es außen nicht mehr weiter geht, ist dies ein Hinweis dafür, sich die Zeit zu nehmen, nach innen zu gehen – und umgekehrt.

Die meisten Menschen warten ihr Auto besser als sich selbst. Während dieses regelmäßig zur Inspektion gebracht wird, um es auf Verschleiß und Mängel zu überprüfen, gilt die Beschäftigung mit der eigenen Person eher als Luxus. In einem Alltag voller Hektik und massiver Anforderungen von außen bleibt dafür oft keine Zeit. Umso wichtiger ist es, sich ganz bewusst Auszeiten zu gönnen, am besten in Form eines ständig wiederkehrenden Rituals.

Man kann vieles für sich alleine klären. Trotzdem ist es manchmal hilfreich, sich professionelle Unterstützung in Form von Psychotherapie, Coaching oder Seminaren zu gönnen. Aber auch der offene Austausch mit Freunden oder Kollegen hilft dabei, die eigene Situation zu klären und stimmige Perspektiven zu entwickeln. Diese Erfahrung machen wir immer wieder bei unseren einwöchigen Seminaren, die wir zum Thema «Bilanz ziehen und Zukunft gestalten» anbieten. Dabei sind die Beiträge der anderen Seminarteilnehmer, die sich oft in vergleichbaren Situationen befinden, mindestens genauso wichtig wie unsere Inputs als Trainer.

Engagierte Menschen, die in ihrem Leben etwas bewegen wollen und Verantwortung für andere Menschen übernehmen, haben eine Fürsorgepflicht sich selbst gegenüber. Genauso wenig wie unternehmerische Erfolge kann man den eigenen Erfolg auf Dauer festhalten und verwalten; er ist vielmehr ein Ziel, für das es sich lohnt, sich immer wieder aufs Neue zu engagieren.

Menschen in psychosozialen und medizinischen Berufen haben den großen Vorteil, dass sich ihnen der Sinn ihres Tuns unmittelbar erschließt. Ein Grund, warum viele Menschen in diese Berufe drängen, obwohl man sich dort keine goldene Nase verdienen kann. Die Nähe zum Sinn ist aber auch verführerisch, lädt sie doch dazu ein, die eigenen Grenzen zu missachten und sich aufzuopfern.

Viele der Erfolgsfaktoren für äußeren Erfolg lassen sich auf inneren Erfolg übertragen und umgekehrt. Äußerer und innerer Erfolg widersprechen einander nicht zwingend. Ganz im Gegenteil, sie gehen auf Dauer Hand in Hand. Äußerer Erfolg ist die Grundlage unserer materiellen Existenz und damit auch Voraussetzung für inneren Erfolg. Sinnhaftigkeit ist die Triebfeder für Engagement, besondere Leistungen und nachhaltige Entwicklungen in der äußeren Welt.

Ein Mensch, dem es gelingt, diese Balance immer wieder herzustellen, zwischen den verschiedenen Aspekten seiner Persönlichkeit zu vermitteln und diese für sich und andere synergetisch nutzbar zu machen, hat die Führungsposition in seinem Leben eingenommen. Diese Rolle unterscheidet sich nicht wesentlich von der einer Führungskraft im Unternehmen, zumindest nicht, was den Teil Menschenführung betrifft.

Auch hier gilt es, unterschiedliche Interessen unter einen Hut zu bringen, ein konstruktives Klima zu schaffen, Orientierung zu geben, Konflikte zu lösen, Motivation und Entwicklung zu fördern. Ein Mensch, der sich selber führen kann, vermag in der Regel auch andere Menschen glaubwürdig zu führen, da er authentisch und engagiert agiert. Er weiß um den Reichtum und das Potenzial der Menschen und gleichzeitig, wie schwierig es manchmal ist, sich selbst zu verändern. Mitarbeiter haben ein sehr feines Gespür für den Menschen, der sich hinter der Führungsrolle verbirgt.

Ein Mensch, der sich für sinnvollen Erfolg in seinem Leben einsetzt, bringt ein hohes Maß an Engagement und persönlicher Kompetenz mit. Er ist emotional intelligent und sozial kompetent, hat Zugang zu seinen Gefühlen, seinen tieferen Beweggründen, möchte etwas Sinnvolles bewirken. Er verfügt über ein hohes Maß an innerer und äußerer Freiheit, er macht nicht aus der Not heraus mit, sondern weil er von etwas überzeugt ist. Er ist emotional nicht von einem ständigen Mehr an Geld und materiellem Wohlstand abhängig und hat damit die Freiheit, bei der Wahl seines Arbeitgebers bis zu einem gewissen Grad wählerisch zu sein.

Er wird sich, sofern in der heutigen Arbeitsmarktsituation möglich, für ein Unternehmen entscheiden, in dem er einen Nährboden für seine Entwicklung findet, in dem seine besonderen Fähigkeiten gefragt sind und in dem er mitgestalten kann. Kommt er in ein Unternehmen, in dem er dies nicht leben kann, hat er ein echtes Problem. Es sein denn, er hat aufgrund seiner Macht und Position die Möglichkeit, genau diese Entwicklungsräume zu schaffen. Ansonsten wird er vor die innere Wahl gestellt, entweder wieder zu gehen oder sich von wichtigen Teilen seiner Persönlichkeit abzuspalten.

Es gibt viele Wege nach Rom, und es ist Aufgabe des Menschen, seinen ganz eigenen, persönlichen Weg zu finden. Dennoch ist es dabei äußerst hilfreich, einen Kompass und eine Landkarte in Form von Stimmigkeit und Visionen zur Verfügung zu haben.

Sinnvoller Erfolg lässt uns Menschen kostbare Momente erleben: Wir fühlen uns mit der Welt und unseren Mitmenschen verbunden, spüren inneren Frieden und Gelassenheit, sind engagiert und kreativ, fühlen uns gebraucht und gleichzeitig doch nur als ganz kleines Rädchen im Getriebe der Welt.

Wir geben das Beste, was wir haben, und hinterlassen damit vielleicht die ein oder andere Spur, gleichzeitig sind wir dankbar, mitgestalten zu dürfen. Geben wir der Welt etwas zurück für das Gastrecht, das wir hier genießen!

Teil II

Die Menschen für das Unternehmen gewinnen

Der Mensch im Unternehmen

Viele der Faktoren für sinnvollen Erfolg, die für den einzelnen Menschen gelten, lassen sich auch unmittelbar auf Wirtschaftsunternehmen und Institutionen übertragen. Auch hier gilt es, ein konstruktives Gleichgewicht zwischen innerem und äußerem Erfolg zu finden. Gebraucht wird eine Unternehmenskultur, in der sich die Menschen entfalten können, und Mitarbeiter, die sich voll für die Unternehmensziele engagieren. Auch im Inneren und in der äußeren Umgebung des Unternehmens entfachen stimmige Visionen und gelebte Werte eine mitreißende Wirkung, weil sie die Menschen in ihrem eigenen Wertesystem berühren.

Viele Menschen haben ein tiefes inneres Bedürfnis, sich persönlich und beruflich weiterentwickeln. Sie möchten ihr Potenzial entdecken und anwenden, sich für größere gemeinsame Ziele engagieren und Zukunft mitgestalten. Sie möchten einer sinnvollen Tätigkeit nachgehen. Hier liegen riesige Ressourcen, die nur darauf warten, abgerufen zu werden – vorausgesetzt, sie werden auch als solche erkannt und die entsprechenden Entwicklungs- und Gestaltungsräume zu Verfügung gestellt.

Die Globalisierung der Wirtschaft führt zwangsläufig dazu, dass unser Vorsprung an Forschung, Technik, Infrastruktur und qualifiziertem Fachpersonal von anderen Ländern rapide aufgeholt wird und wir gleichzeitig aufgrund der hohen Personal-und Herstellungskosten nur noch begrenzt konkurrenzfähig sind. Da Unternehmen zunehmend mehr an äußere Wachstumsgrenzen stoßen, wird zukünftig die qualitative Entwicklung in Unternehmen, d. h. die optimale Entwicklung und Nutzung des Potenzials der Mitarbeiter, auch über die wirtschaftliche Zukunft von Unternehmen entscheiden.

Der Mensch braucht Unternehmen, in denen sein Potenzial auf fruchtbaren Boden fällt, Unternehmen wiederum brauchen Mitarbeiter, die sich mit ihrer vollen Kompetenz einbringen. Eigentlich beste Voraussetzungen für eine dauerhafte Win-Win-Situation. Aber statt die dringend notwendigen Synergien zwischen Mensch und Unternehmen herzustellen, werden die Reibungsverluste zwischen den beiden Systemen tendenziell immer größer. Viele Mitarbeiter machen lediglich Dienst nach Vorschrift. Da sie in Zeiten hoher Arbeitslosigkeit froh um einen Arbeitsplatz sind, kündigen sie nicht, sondern distanzieren sich innerlich. Für uns ist die massive Wertekollision zwischen Mitarbeitern und Unternehmen ein entscheidender Faktor für diese Entwicklung.

Der Wohlstand unserer Gesellschaft hat es den Menschen ermöglicht, über den eigenen Tellerrand hinauszuschauen und einen Blick für größere Zusammenhänge zu entwickeln. Dadurch hat sich in den letzten Jahren das Bedürfnis nach Sinn und höherer innerer Lebensqualität herausgebildet. Das Umweltbewusstsein der Menschen ist ebenso gewachsen wie das Verantwortungsbewusstsein gegenüber der Dritten Welt oder das Gesundheitsbewusstsein. Ethische Geldanlagen, also die Investition in Firmen mit hohen Umwelt- und Sozialstandards, sind zunehmend im Kommen, Nachhaltigkeit und Generationengerechtigkeit bestimmen die öffentliche Diskussion. Es hat eine starke Sensibilisierung für Sinn und Werte stattgefunden.

Dieses gewachsene Bewusstsein der Menschen ist eine wesentliche Ressource für das Verstehen der Zusammenhänge und das Handeln in einer immer komplexer werdenden Welt.

Viele Unternehmen hingegen sind häufig einseitig auf der quantitativen Erfolgsspur geblieben, in der nur die nackten Zahlen gelten. Vor allem in Großunternehmen gibt es die Tendenz zu einer steten Steigerung von äußerem Erfolg, egal um welchen inneren Preis im Unternehmen. Die Pflicht der großen Konzerne, vierteljährlich ihre Quartalsbilanzen zu veröffentlichen, sowie das Gewicht, das die Börse diesen Zahlen beimisst, verstärken diese Tendenz. Aber weder treten Unternehmen bei einem Pferderennen an, noch ist der eigentliche Sinn der Börse, das größte Wettbüro der Welt zu sein. Nur wenige Unternehmensleitungen entziehen sich diesem Zwang, wie z. B. der Vorstandsvorsitzende eines großen Unternehmens, der sich weigert, Quartalsbilanzen zu veröffentlichen, auch auf die Gefahr hin, nicht im DAX aufgenommen zu werden. Er zweifelt schlicht und ergreifend die Aussagekraft dieser Zahlen für die Zukunftsgestaltung des Unternehmens an.

Der Zwang zur Produktion schneller Ergebnisse wird in vielen Unternehmen in Form von Zielvorgaben nach unten weitergeleitet. Abteilungen, die keine positiven Zahlen zum Ergebnis beitragen, werden aufgelöst. Potenziert wird diese Entwicklung noch dadurch, dass in großen Konzernen Führungskräfte kaum länger als zwei Jahre in ihren Positionen bleiben. In diesen zwei Jahren ist die Führungskraft dann dermaßen unter Druck, zu zeigen, was sie alles bewirken kann, dass nur der kurzfristige, in Zahlen messbare Erfolg zählt. Langfristiger und nachhaltiger Erfolg und auch die Förderung der Ressource Mensch ist keine Perspektive mehr, weil man dann längst nicht mehr an dieser Stelle sitzt, sondern an anderer Stelle seine Kompetenz beweist. Und natürlich gibt die Führungskraft ihrerseits den Druck an die Mitarbeiter weiter.

Sinn und Werte als Motivatoren

Dass Werte ein entscheidender Erfolgsfaktor sind, um Menschen zum Handeln zu motivieren, ist in der Wirtschaftswelt keine neue Erkenntnis. Leider wird sie in der Regel nur in eine Richtung konsequent angewendet: nach außen in Richtung Markt und Kunden.

Der potenzielle Kunde wird von Unternehmensseite bis ins kleinste Detail seiner Wünsche, Bedürfnisse und Verhaltensweisen erforscht, schließlich will man ihm ja etwas verkaufen. Neben quantitativen Informationen, z. B. welche Umsätze der Kunde mit welchen Produkten getätigt hat, steht dabei vor allem die qualitative Informationsgewinnung im Vordergrund. Denn sie ist der Schlüssel für den Zugang zum Kunden. Die Wünsche und Werte der Zielgruppen sind ebenso bekannt wie ihre Gewohnheiten, ob sie mit dem rechten oder linken Bein zuerst aufstehen und ob sie lieber an einer runden oder eckigen Lasche ziehen.

Die eigenen Mitarbeiter hingegen sind zunehmend aus dem Fokus der Aufmerksamkeit verschwunden. Was wissen Unternehmen und ihre Führungskräfte wirklich von ihren Mitarbeitern? Auf der quantitativen Seite so gut wie alles: Was er kostet, wie viel Umsatz er macht, wie viele Tage er krank war, ob er seine Zielvorgaben erreicht hat, ist mit einem Knopfdruck am Computer abrufbar. Was ihn hingegen bewegt, motiviert oder demotiviert, bleibt in vielen Unternehmen verborgen.

Dabei ist es dafür keine aufwendige Marktforschung notwendig, sondern nur die Erkenntnis, dass es sich lohnt, genauer hinzuschauen. Die einfachste Möglichkeit wäre, die Ergebnisse, die man über die zentralen Werte der Kunden gefunden hat, konsequent auf die eigenen Mitarbeiter zu übertragen, weil Menschen, egal ob Kunden oder Mitarbeiter, die meisten Werte miteinander teilen. Gesundheit, Erfolg, Liebe, Sicherheit, Wertschätzung, Wachstum, Erfüllung, Freude, Genuss, Lebendigkeit, Herausforderung, Geborgenheit, Verbundenheit und Beziehungen sind nur einige davon. Wer würde nicht gerne in einem Unternehmen arbeiten, in dem auch nur einige der genannten Werte Platz haben?

Mitarbeiter sind die entscheidenden Leistungserbringer im Unternehmen, das ist ihre Aufgabe, und dafür werden sie in der Regel auch angemessen bezahlt.

Aber das alleine reicht nicht aus. Ein großer Konzern beschreibt in seinem Leitbild zwei entscheidende Faktoren, die Leistung generieren: «Leistung entsteht aus Comittment und Kompetenz der Mitarbeiter.» Natürlich kann man von Unternehmensseite darauf bestehen, dass Mitarbeiter allein schon aufgrund ihres Arbeitsvertrages verpflichtet sind, sich voll zum Wohle des Unternehmens einzusetzen. Aber echte Verbundenheit und Engagement, die besondere Leistungen ermöglichen, sind keine Selbstverständlichkeit, die man einfach voraussetzen oder einfordern kann.

Das Unternehmen hat in diesem Kontext auch eine Bringschuld, es muss dafür die geeigneten Voraussetzungen schaffen. Sonst wird dem Mitarbeiter Unmögliches abverlangt, er muss sich verbiegen, wesentliche Teile seiner Persönlichkeit quasi an der Garderobe abgeben. Wer Mitarbeiter an sich binden und Höchstleistungen abrufen will, muss ihnen in ausreichendem Maße das geben, was sie brauchen, sprich, sie in den richtigen Währungen bezahlen.

Wenn der einzelne Mensch tatsächlich vermehrt Sinn in seinem Leben sucht, müssen Unternehmen folglich zu sinnstiftenden Institutionen werden. Dem Menschen nur die materielle Grundlage zu geben, damit er seinen Sinn anderswo suchen kann, führt dazu, dass entscheidende Ressourcen verloren gehen. Die Schnittmenge zwischen dem Sinn des Unternehmens und dem Sinn des Mitarbeiters muss ausreichend groß sein.

Dazu muss sich der Mitarbeiter mit seiner Tätigkeit, der Qualität der Produkte, der Strategie und der Unternehmenskultur identifizieren können. Das erfordert Transparenz und Übersetzungsarbeit von der Führung. Das bedeutet, den vorhandenen Sinn für die Mitarbeiter sichtbar zu machen und ihnen gleichzeitig Entwicklungsräume zur Verfügung zu stellen, einen ausreichenden Teil ihres Lebenssinnes zu realisieren. Es gilt, die Mitarbeiter als mündige Partner zu gewinnen, die sich für das Unternehmen verantwortlich fühlen. Die wesentlichen Stellschrauben dafür sind stimmige gemeinsame Werte und Leitbilder, eine gelebte konstruktive Unternehmenskultur, die auf Vertrauen, aber auch klaren Regeln basiert, und die gemeinsame Verantwortung aller Beteiligten für ein größeres, gemeinsames Ganzes.

Arbeit muss und kann nicht ständig Spaß machen, sie ist wie das gesamte Leben eine Mischung aus Pflicht und Kür. Wichtig ist nun, dass es genügend Kürelemente gibt. Der Mitarbeiter muss davon überzeugt sein, dass er einer sinnvollen Tätigkeit nachgeht.

Der Preis des einseitigen Erfolgsstrebens

Unternehmen entfalten ihre besondere Wirkung über den Menschen. Es sind die Menschen, die Waren und Dienstleistungen entwickeln und produzieren, es sind Menschen, die diese Produkte vermarkten und verkaufen, und es sind Menschen, die diese Produkte kaufen und nutzen. Wer auf Dauer wirtschaftlich erfolgreich sein will, muss mit Menschen umgehen können.

Um die Menschen für das Unternehmen zurückgewinnen zu können, brauchen wir Führungskräfte, die über hohe soziale Kompetenzen verfügen. Die wesentlichen Ressourcen dafür liegen in der Persönlichkeit der Führungskraft. Glaubwürdigkeit, moralisches Bewusstsein, Wertschätzung des Menschen, Engagement für gemeinsame Ziele und ein stimmiges Selbstwertgefühl sind einige dieser Ressourcen.

An Menschen mit diesen Eigenschaften, die darüber hinaus über wesentliche Führungskompetenzen verfügen, herrschte in unserer Gesellschaft eigentlich kein Mangel, würden sie sich für Führungsaufgaben zur Verfügung stellen. Viele Menschen, die aufgrund ihrer Persönlichkeit besonders für Führungsaufgaben geeignet wären, verzichten jedoch auf diese Rolle, weil sie nicht bereit sind, den Preis zu bezahlen, der ihnen dafür abverlangt wird oder den sie sich selbst abverlangen müssten. Und viele Menschen, die für Führungsaufgaben aufgrund ihrer Persönlichkeit nur begrenzt geeignet sind, streben diese mit großem Engagement an. Sie gehen destruktiv mit sich selbst um – wie sollen sie dann konstruktive Impulse bei den Menschen wecken, die sie führen?

Das ausschließliche Streben vieler Unternehmen nach Gewinnmaximierung lässt vor allem diejenigen Führungskräfte aufblühen, die sich dem gleichen Ziel verschrieben haben: auf den äußeren Erfolg fixierte Manager, die bereit sind, dafür jeden inneren Preis zu bezahlen, und diesen auch ihren Mitarbeitern abverlangen.

Die ersten Anzeichen, dass diese Entwicklung nicht spurlos an den Führungskräften vorübergeht, waren schon vor vielen Jahren sichtbar. Im Jahr 1992 führte die Kienbaum Akademie eine Studie über das Seelenleben von Führungskräften durch, mit erschreckenden Ergebnissen: Fast zwei Drittel der Führungskräfte leiden unter leichten bis mittelschweren neurotischen Störungen ihrer Persönlichkeit. Man mag sich fragen, was in diesem Zusammenhang Ursache und Wirkung ist, was die Henne, was das Ei? Macht Karriere neurotisch, oder streben nur überwiegend neurotische Menschen eine Karriere an? Die Frage ist müßig, weil die Konsequenzen dieselben sind. Offensichtlich ist für «gesunde Führungskräfte», die verantwortlich mit sich selbst und mit den ihnen anvertrauten Menschen umgehen, nur begrenzt Platz in Unternehmen.

Dass sich viele Führungskräfte damit auf ihren eigenen Burn-out zubewegen, sei ihnen gestattet, es ist ihr Leben. Leider «verbrennen» sie mit dieser Haltung auch massiv menschliches Potenzial im Unternehmen. Sie können gut mit dem Mangel an Sinn und Werten im Unternehmen leben, weil sie selbst wenig Kontakt zu ihrem eigenen Sinn und ihren eigenen Werten haben. «Die Wertvorstellungen von Führungskräften werden zunehmend nur noch von einem Wert dominiert – von der Höhe des persönlichen Einkommens», sagt dazu Jürgen Heraeus, Aufsichtsratschef des gleichnamigen Unternehmens. Diese Führungskräfte sind dem Unternehmen aber meist nicht sonderlich verbunden. Es ist für sie eine Zweckgemeinschaft auf Zeit, die nur so lange gilt, wie sie den eigenen Interessen dient.

Diese Entwicklung hat nicht nur tiefe Spuren in Unternehmen, sondern auch in der Gesellschaft hinterlassen. Nach einer Studie des Forsa-Instituts in Berlin aus dem Jahr 2004 sind 77

Prozent der Bevölkerung davon überzeugt, dass Manager vor allem ihr eigenes Wohl im Sinn haben. Und nur zwei Prozent meinen, dass Führungskräften die Interessen ihrer Mitarbeiter am Herzen liegen.

Dieser Vertrauensverlust gilt jedoch nicht nur der Wirtschaft, sondern lässt sich auch in anderen Bereichen der Gesellschaft beobachten, z.B. in der Politikverdrossenheit der Menschen. Gerade in Zeiten großer Verunsicherung, in denen es gilt, alle Kräfte zielgerichtet zu bündeln, ziehen viele Menschen ihr Engagement zurück und beobachten voller Ohnmacht und Misstrauen die Entwicklung in Wirtschaft und Gesellschaft. Sie erleben sich als Opfer äußerer Umstände, auf die sie keinen Einfluss nehmen können. Ihre Passivität ist genau das Gegenteil dessen, was unsere Gesellschaft heute braucht: unternehmerisch denkende und handelnde Menschen.

Vertrauen ist die Grundlage jeder Beziehung und damit Voraussetzung für ein konstruktives Miteinander der Menschen. Fehlt das Vertrauen, können sich bestenfalls Zweckgemeinschaften entwickeln. Vertrauen ist jedoch nie eine Einbahnstraße. Genauso notwendig, wie das Vertrauen der Mitarbeiter in ihre Führungskräfte ist, müssen auch Unternehmen und Führungskräfte in die Kompetenz und das Engagement ihrer Mitarbeiter vertrauen. Dieser Vertrauensverlust in der Gesellschaft und damit auch bei Mitarbeitern lässt sich nicht durch Hochglanzbroschüren und aufwendige Image-Kampagnen korrigieren, sondern nur durch den Erwerb von Glaubwürdigkeit im täglich beobachtbaren Handeln.

Macht und Verantwortung

Unternehmen ohne wirtschaftlichen Erfolg haben keine Überlebenschance. Sie müssen sich auf den Märkten gegenüber harter Konkurrenz behaupten, sich an ständig ändernde äußere Bedingungen anpassen, ausreichende Gewinne erwirtschaften, um investieren zu können und den Investoren eine adäquate Rendite zu ermöglichen. Das gilt auch für noch so sinnvoll agierende Unternehmungen. Ohne den ökonomischen Erfolg bleibt auch ihnen in der Regel nur der Gang zum Konkursrichter.

Die Jagd nach dem großen Geld und die Erfüllung ständig steigender Zielvorgaben nimmt manchmal jedoch sehr erstaunliche Formen an, z. B. in der Zeit der Wende, der Wiedervereinigung zwischen Ost- und Westdeutschland. Was wurde dort den Menschen nicht alles Unsinniges verkauft; zum Teil kam richtig Goldgräberstimmung auf. Alten Damen wurden Berufsunfähigkeitsversicherungen verkauft, Unternehmen Gutachten über ihre Situation erstellt, die dazu führten, dass das Unternehmen nach der Begleichung der Rechnung pleite war. Wahrlich keine Ruhmestaten.

Für die Verbundenheit der Mitarbeiter mit ihrem Unternehmen ist dieser Verstoß gegen grundlegende Werte ein großes Problem. Mitarbeiter wollen stolz auf ihr Unternehmen sein, zumindest wollen sie sich aber nicht für dessen Handeln schämen. Wirtschaftlicher Erfolg ja, das ist für jeden Mitarbeiter einsichtig, aber um welchen Preis? Was passiert, wenn der wirtschaftliche Erfolg des Unternehmens zu Lasten Dritter geht? Manche Verkäufer aus durchaus seriösen Branchen erleben sich zunehmend als Teil einer Drückerkolonne, bei der zuerst der Umsatz kommt und das Wohl des Kunden eher zweitrangig ist. Sie müssen das Dilemma, ihren Arbeitsplatz zu sichern und dafür gleichzeitig gegen ihre eigenen Werte zu verstoßen, in der Regel mit sich selbst ausmachen und dafür einen hohen inneren Preis bezahlen.

Ein Unternehmen, das seine Kunden täuscht und betrügt, verstößt aus ethischen Gesichtspunkten ganz klar gegen moralische Gesetze und in juristischer Hinsicht in der Regel gegen legale Gesetze. Auch wenn häufig Wirtschaftskriminalität sozial immer noch als Kavaliersdelikt angesehen wird, leistet dieses Unternehmen keinen Beitrag für die Gesellschaft, ganz im Gegenteil, es schadet ihr. Gleiches gilt, wenn Schadstoffe illegal abgelassen werden und dadurch massive Umweltverschmutzungen entstehen. In der Regel sind dies jedoch Ausnahmen. Weit häufiger haben ganz legale unternehmerische Entscheidungen negative Konsequenzen für ihre Umgebung.

Das Unternehmen im Beziehungsgeflecht

Unternehmen haben eine große gesellschaftliche Bedeutung. Erfolgreiche Unternehmen sichern die materielle Existenz ihrer Mitarbeiter, befriedigen Kundenbedürfnisse und sorgen für eine angemessene Rendite der Kapitalgeber. Darüber hinaus leisten sie einen wichtigen Beitrag für den gesellschaftlichen Wohlstand, für Bildung und soziale Sicherungssysteme.

Je erfolgreicher ein Unternehmen wird, umso mehr steigt auch seine Bedeutung für die Gesellschaft und damit seine Macht. Macht erzeugt Abhängigkeiten, und mit der Abhängigkeit wächst die Fürsorgepflicht, nicht nur den eigenen Mitarbeitern gegenüber, sondern auch gegenüber dem sozialen, ökologischen und politischen Umfeld.

Am deutlichsten erkennbar wird dies bei Unternehmen, die der größte Arbeitgeber einer Region sind. Die Mitarbeiter, die dort lebenden Menschen, unter Umständen die ganze Region, sind von diesem Unternehmen abhängig. Wechselt das Unternehmen seinen Standort, sind die Menschen ohne Arbeit und Perspektive, die öffentlichen Kassen leer, es entstehen regelrechte Geisterstädte.

Diese Verantwortung macht es für das Unternehmen nicht immer leicht. Auf der einen Seite profitiert das Unternehmen durch das erhöhte Engagement seiner Mitarbeiter von dieser Situation, vielleicht auch durch besondere Konditionen, die ihm von der Kommune eingeräumt werden, auf der anderen Seite gibt es die Notwendigkeit der Wirtschaftlichkeit. Im Idealfall bildet das Unternehmen eine Symbiose mit seinen Mitarbeitern und seiner Umgebung, bei der alle Seiten gewinnen.

Aktuell haben viele Menschen Angst vor dem Verlust ihres Arbeitsplatzes. Die Sicherheit ihres Arbeitsplatzes wird dadurch für sie zu einem besonderen Gut. Manche Unternehmen tragen dem Rechnung und entwickeln spezielle Modelle, die ihren Mitarbeitern den Arbeitsplatz garantieren, wie z. B. ein Familienunternehmen aus der Textilbranche. Das Unternehmen verzichtet als einziges großes deutsches Textilunternehmen darauf, im Ausland zu produzieren. Trotzdem ist es Marktführer in Deutschland und wirtschaftlich außerordentlich erfolgreich. Seine Mitarbeiter haben eine Arbeitsplatzgarantie, deren Kinder eine Garantie auf einen Ausbildungsplatz. Dafür gibt es keine Bindung an Tarifverträge und keine

Bezahlung von Überstunden. Für das Unternehmen ist diese Lösung gleichzeitig ein wichtiges Werbeargument gegenüber dem Verbraucher. Offensichtlich ist es Unternehmen und Mitarbeitern gelungen, zumindest partiell, Win-Win-Situationen herzustellen.

Aber es sind nicht nur mittelständische Unternehmen, die über den Tellerrand der eigenen wirtschaftlichen Interessen hinausschauen. Ein großer Nahrungsmittelkonzern z. B. hat sich auf die Fahnen geschrieben, das ökonomische, soziale und ökologische Umfeld des Unternehmens aktiv mitzugestalten. In ihrer Unternehmensbroschüre schreiben sie dazu: «Das Unternehmen leistet damit einen Beitrag zur nachhaltigen Entwicklung der Gesellschaft und legt gleichzeitig das Fundament für den langfristigen wirtschaftlichen Erfolg.»

Immer mehr Unternehmen werden sich ihrer gesellschaftlichen Verantwortung bewusst und geben sich einen entsprechenden Verhaltenskodex. Ob die Motivation dafür aus einer tiefen moralischen Erkenntnis kommt oder einfach nur daraus, dass ethisches Verhalten ein zugkräftiges Verkaufsargument ist, ist dabei eher zweitrangig.

Die einseitige Fokussierung der letzten Jahre auf die Steigerung des Shareholder-Value als das eigentliche Unternehmensziel hat viel Vertrauen bei den Menschen verspielt. Auf der anderen Seite kann das Unternehmen seine Ziele auch nicht ausschließlich an den Interessen sämtlicher mit dem Unternehmen verbunden Gruppierungen ausrichten (Stakeholder-Value).

Ein Unternehmen ist weder altruistisch noch die «eierlegende Wollmilchsau», die sämtliche durchaus berechtigten Bedürfnisse befriedigen kann. Das Unternehmen muss vielleicht, um sich weiterhin auf dem Markt behaupten zu können, Mitarbeiter entlassen, seinen Standort wechseln, einzelne Betriebsbereiche schließen usw. Es ist nur in den seltensten Fällen möglich, für alle Faktoren eine befriedigende Lösung zu finden. Daran wird ein Unternehmen von den Menschen auch nicht gemessen werden, sondern an seinem erkennbaren Engagement für das Herstellen von Win-Win-Situationen.

Wenn Unternehmen sich grundsätzlich vor wesentlichen Entscheidungen die Frage stellen, welche Konsequenzen diese Entscheidung für ihre unmittelbare Umgebung hätte, wäre schon viel gewonnen. Ein Unternehmen, das Menschen und Umwelt respektvoll behandelt, wird sowohl innerhalb des Unternehmens die Menschen mitreißen als auch Kunden für sich gewinnen.

Die moralische Instanz in Unternehmen

Erfolgreiche Unternehmen verfügen, wie bereits oben angedeutet, zwangsläufig über ein großes Maß an Macht. Damit wächst auch die Verpflichtung, konstruktiv mit dieser Machtfülle umzugehen. Wie sagte Ernst R. Hauschka so treffend: «Macht ohne Verantwortung ist wie Feuer außer Kontrolle.» Verantwortung ist das entscheidende Korrektiv für das destruktive Ausufern von Macht.

Sowohl das Streben nach Macht und damit der Möglichkeit, gestaltend Einfluss auf die unmittelbare Umgebung zu nehmen, als auch die Orientierung an moralischem Bewusstsein sind in allen Menschen angelegt. Glücklicherweise sind Unternehmen keine seelenlosen künstlichen Gebilde, die unabhängig von Menschen ein Eigenleben führen und dabei bestimmten, unumstößlichen Automatismen folgen müssen, auch wenn es manchmal den Anschein hat. Hinter allen ökonomischen, politischen und gesellschaftlichen Prozessen, am Anfang jeder Entscheidungskette, taucht der Mensch in seiner Entscheidungsfreiheit auf.

Handlungen und Haltung des Unternehmens geben diesem eine unverwechselbare Identität, einer eigenständigen Persönlichkeit gleich, auf die sich die Menschen innerhalb und außerhalb des Unternehmens beziehen. Wie ein Unternehmen seiner Verantwortung gerecht wird, ist neben der Qualität seiner Produkte eine kontinuierliche Botschaft an seine Umgebung, die Emotionen anspricht. Unternehmen werden von Menschen gemocht und wertgeschätzt oder als rücksichtslos und arrogant erlebt, man hat zu ihnen Vertrauen, oder man distanziert sich von ihnen, ist vor ihnen auf der Hut.

In kleinen und mittelständischen personengeführten Unternehmen bis zu einer bestimmten Größe ist die «Unternehmenspersönlichkeit» häufig deckungsgleich mit der «Unternehmerpersönlichkeit». Handlung und Haltung des Unternehmens werden unmittelbar mit der Person des Unternehmers verbunden. Die positiven und negativen Konsequenzen fallen auf ihn persönlich zurück, er haftet wirtschaftlich und moralisch für das Wirken seines Unternehmens. Es ist in letzter Konsequenz eine Beziehung zwischen Menschen mit allen Licht- und Schattenseiten.

So betrachtet ist die Moral von Unternehmen immer auch die Moral von Menschen und bewegt sich deshalb irgendwo zwischen den folgenden beiden Haltungen: «Erst kommt das Fressen, dann die Moral» (Brecht) und «Zwei Dinge erfüllen mich mit tiefer Bewunderung: der bestirnte Himmel über mir und das moralische Gesetz in mir» (Kant).

Entscheidend dafür, wo sich das Unternehmen in diesem ethischen Korridor platziert, ist das Handeln der Unternehmensspitze. Das Topmanagement trifft die wesentlichen Entscheidungen, ist in der Öffentlichkeit präsent, sein Wort und sein Handeln haben besonderes Gewicht. Die Entscheidungen der Unternehmensleitung transportieren eine grundlegende ethische und moralische Haltung, die für die Öffentlichkeit erkennbar ist und die in den Menschen Wirkung entfaltet.

Bei großen Kapitalgesellschaften, die vielleicht noch international tätig sind, stellt sich die Frage, wer dort Träger des Gewissens ist. Auf welchen Menschen kann man sich dort beziehen? Wer haftet wirtschaftlich und moralisch für das Handeln des Unternehmens? Der Vorstandsvorsitzende, der gesamte Vorstand, der Aufsichtsrat?

Betrachtet man einige Skandale der letzten Zeit, fällt das Handeln nur sehr begrenzt auf die Führungsspitze zurück, als ob es ein Schutzschild zwischen Unternehmen und Topmanagement gibt. Die Misserfolge werden in der Regel dem Unternehmen als Ganzes angelastet. Die eigenen Mitarbeiter mögen wesentliche Teile der Führungsspitze zumindest noch dem Namen nach kennen, für die breite Öffentlichkeit sind das anonyme Persönlichkeiten.

Wie wir im ersten Teil des Buches ausführlich beschrieben haben, ist die eigene emotionale Betroffenheit das entscheidende Korrektiv, an dem man sein Handeln messen kann. Wir brauchen also bei den Fragen, was moralisches, ethisches Handeln bedeutet, das Rad nicht neu zu erfinden. Alle Wahrheiten, Weisheiten und humanistischen Zielvorgaben sind auch in einer globalisierten und ökonomisierten Welt als Richtschnur vorhanden. Innehalten, sich besinnen und in sich hineinhören bringt nach unserer Meinung alle diesbezüglichen Wahrheiten auf das Spielfeld des Lebens zurück.

Der Mensch ist nicht nur gut. Wir haben Anlagen zum

Guten und zum Schlechten. Ein Schutz davor, unsere destruktiven Schattenseiten zu leben, ist, uns von anderen Menschen in unseren Werten berühren zu lassen.

Topmanager in Großkonzernen sind grundsätzlich keine unmoralischeren Menschen. Für die meisten Menschen in unserer Gesellschaft gilt, dass sie aus der Anonymität heraus eher bereit sind, gegen moralische Gesetze zu verstoßen, weil sie mit den Auswirkungen nicht unmittelbar konfrontiert sind und auch nicht persönlich an den Pranger gestellt werden. Die Entscheider in Großkonzernen kennen die Menschen vor Ort nicht, es existieren keine persönlichen Beziehungen, häufig auch keine gemeinsame Geschichte.

Wenn man zu weit von den Menschen entfernt ist, verringert sich automatisch die emotionale Betroffenheit. Deswegen brauchen Unternehmen ab einer bestimmten Größe ein anderes Korrektiv, an dem die Entscheider, aber auch die Mitarbeiter ihr Handeln orientieren können: gemeinsame Leitbilder und Werte des Unternehmens, die konkret mit den Mitarbeitern vereinbart wurden, denen sich auch die Entscheider verpflichten und an denen sie sich von ihrer Umwelt messen lassen.

Wolfram Michallik

Führung aus der Sicht eines Unternehmers

Als ich vor drei Jahren kurzfristig die Geschäftsführung im elterlichen Unternehmen übernommen habe, war dies sowohl für das Unternehmen als auch für mich persönlich eine massive Umbruchsituation. Bis zu diesem Zeitpunkt war ich beruflich hauptsächlich als Psychologe und Psychotherapeut tätig, später dann als Berater und Coach in Wirtschaftsunternehmen. Durch eine Führungskrise in unserem Familienunternehmen wurde ich plötzlich geschäftsführender Gesellschafter eines Handelsunternehmens mit 120 Mitarbeitern, das in seiner Branche Marktführer in Deutschland ist.

Da ich in einem Unternehmerhaushalt aufgewachsen bin, längere Zeit im Aufsichtsrat einer Aktiengesellschaft tätig war und schon immer jemand war, der gerne Dinge anpackt und stark pragmatisch handelt, blieb mir trotz des völlig neuen beruflichen Umfeldes ein Kulturschock erspart.

Mein beruflicher Background als Psychologe – für viele Mitarbeiter zunächst befremdlich! – hat mir darüber hinaus geholfen, in die neue Rolle hineinzuwachsen. Viele Menschen assoziieren mit Unternehmensführung ja eher den Umgang mit Zahlen, strategische Denkweise und «kalte Prozesse». Meine Erfahrung ist da eine ganz andere. Ich habe ständig mit unterschiedlichsten Menschen zu tun und halte es beispielsweise für sehr wichtig, im täglichen Umgang die verschiedenen Ebenen der Kommunikation zu erkennen und auseinander zu halten. Das heißt, es geht nicht nur darum, was mir ein Mitarbeiter konkret sagt, sondern auch um das, was er mir eigentlich sagen will. Das gilt natürlich auch für wichtige Gespräche mit Kunden oder mit Lieferanten. So konnte ich schnell feststellen, dass auch im Wirtschaftsleben langjährige Beziehungen viel mit der Qualität des persönlichen Kontakts der Beteiligten zu tun haben – da kommen mir meine Erfahrungen aus der «Beziehungsarbeit» sehr zugute. Gleiches gilt für meine Erfahrungen in der Bewältigung von Krisen. Auch wenn die Krise, die jemand durchlebt, der aufgrund einer Krebserkrankung über Monate oder Jahre in Lebensgefahr schwebt, eine ganz andere ist als die, die Menschen in der Umbruchsituation eines Unternehmens erleben: Die Erfahrung, andere Menschen durch Zeiten von Unsicherheit und Angst begleiten und führen zu können, hat mir enorm geholfen.

Auf der anderen Seite musste ich sehr schnell lernen, dass alles, was ich als Unternehmensleiter tue, sehr komplexe und weit reichende Folgen hat und darüber hinaus auch in einem ganz anderen Ausmaß beobachtet und gewertet wird, als dies vorher der Fall war. Ich muss heute die Wirkung dessen, was ich tue und sage, sehr viel präziser in den Folgen abwägen. Und natürlich muss ich insgesamt sehr viel zielorientierter denken und handeln, als das vorher im psychosozialen Bereich der Fall war. In diesen persönlichen Reflexions- und Lernprozessen ist es für mich nahezu unentbehrlich, dass ich auf ein qualifiziertes Coaching zurückgreifen kann. Es hilft mir enorm, immer wieder aus dem Netzwerk herauszutreten und durch einen neutralen Gesprächspartner mögliche Fallstricke frühzeitig zu erkennen.

Ein Unternehmen zu leiten ist für mich eine unglaublich große Verpflichtung und Verantwortung, weil ich durch viele Gespräche weiß, dass die Frage, wer das Unternehmen leitet, für viele Mitarbeiter von großer Bedeutung ist. Sie sind in ihrer persönlichen, beruflichen Sicherheit davon abhängig, ob das Unternehmen zuverlässig und verantwortungsvoll geführt wird. Wenn hier der Geschäftsführung, in dem Fall meiner Person, Vertrauen geschenkt werden kann, dann hat das erhebliche Auswirkungen auf das Gefühl von existenzieller Sicherheit oder Unsicherheit für viele Mitarbeiter.

Ich bin davon überzeugt, dass ein Unternehmen nicht alleine nach Zahlen und Fakten organisiert sein kann, sondern auch von einem sinnvollen Auftrag getrieben sein muss. Das ist der eine Schritt: den Auftrag, den Sinn des Unternehmens, zu erkennen und zu definieren. In mittelständischen Unternehmen erklärt sich das zunächst durch das Lebenswerk des Gründers meist von selbst, muss aber gerade in der nachfolgenden Generation entweder bruchlos fortgeführt oder gegebenenfalls neu definiert werden. Wenn der ursprüngliche «spirit» ersatzlos verloren geht, dann halte ich das für sehr gefährlich, denn kein noch so schöner Erfolg lässt sich verwalten, er muss ständig durch engagierte Mitarbeiter neu errungen werden.

Bis zum Tode meines Vaters vor sieben Jahren war er das personifizierte Leitbild, durch ihn mussten weder Visionen noch Ziele niedergeschrieben werden. Das hat sich durch den seither zweimaligen Führungswechsel verändert. Heute ist unser Unternehmen nicht mehr alleine durch Ausbau und Ausfüllen einer patriarchalen Chefrolle zu führen, sondern es müssen ein Leitbild und Unternehmensziele definiert werden, die für die Mitarbeiter nachvollziehbar sind. Das ist ein Prozess, den wir begonnen haben, den wir aber auch die nächsten Jahre weiterführen müssen. Er erfordert eine gewisse Routine und eine konsequent zukunftsorientierte Haltung, die sich nicht nur bei der Unternehmensleitung, sondern bei allen Mitarbeitern entwickeln muss.

In der Frage notwendiger Veränderungen und Umstrukturierungen gab es schon einen Kulturschock im Unternehmen, weil wir uns von verschiedenen Gewohnheiten im Unternehmen trennen mussten, z.B. von einem sehr autoritären Führungsstil, der heute meines Erachtens nur sehr bedingt funktionieren kann. Solche Veränderungen, selbst wenn sie im Ergebnis von vielen begrüßt werden, gehen allerdings mit Spannungen und Brüchen einher und nicht nur mit harmonischer Entwicklung. Meine Verantwortung sehe ich nicht zuletzt darin, immer wieder das richtige Tempo für Entwicklung und Veränderung zu finden. Es gilt zu erkennen, wann alte Zöpfe abgeschnitten und Innovationen umgesetzt werden müssen, wann Ruhezeiten zu gönnen sind, in denen sich das Unternehmen neu organisieren und stabilisieren kann.

Unsere Mitarbeiter sind in wichtige Entscheidungen so weit wie möglich eingebunden. Auch wenn wir Entscheidungen gegen den Willen oder gegen Bedenken von Mitarbeitern treffen, geschieht das nicht heimlich, sondern wird in aller Offenheit kommuniziert, Bedenken gegen die Entscheidung werden ernst genommen und besprochen. Schließlich kann es ja nicht darum gehen, kritische Entscheidungen einfach qua Macht durchzusetzen. Da gibt es dann schon mal heiße Diskussionen und Auseinandersetzungen. Gerade dies ist es, was viele Mitarbeiter schätzen:

dass kontroverse Meinungen ausgetragen und ernst genommen werden und die Unternehmensleitung gegebenenfalls zu Korrekturen bereit ist. Das schafft eine Vertrauensbasis und Identifikation mit dem Unternehmen als «beruflicher Familie», die es wiederum ermöglicht, dass auch mal unbequeme Entscheidungen von allen Beteiligten mitgetragen werden.

Was erwarten wir von unseren Führungskräften? Dass jemand über die geforderte Fach- und Sachkompetenz verfügt oder in der Lage ist, sich diese Kompetenz anzueignen. Das ist unabdingbar, weil damit auch die Glaubwürdigkeit der Führungskräfte steht und fällt. Sodann brauchen sie die Fähigkeit, klare Zielsetzungen für die eigene Arbeit zu formulieren und sich daran systematisch zu orientieren, aber auch mit den Mitarbeitern klare Ziele zu vereinbaren. Das bedeutet, die Mitarbeiter ein Stück weit aus der Reserve zu locken, indem sie ihnen etwas zutrauen. Das stärkt bei den leistungswilligen Mitarbeitern das eigene Selbstbewusstsein, und sie entwickeln zunehmend Freude daran, sich realistische, aber ehrgeizige Ziele zu setzen. In diesem zielorientierten Arbeiten gilt es immer wieder, transparent zu machen, was der Beitrag des Einzelnen im gesamten Unternehmenszusammenhang bedeutet. Damit wird das eigene Tun als sinnvoll erlebt und die Identifikation mit der eigenen Tätigkeit, mit der Abteilung, mit dem gesamten Unternehmen gefördert. Darüber hinaus muss jede Führungskraft mit Wertschätzung auf Menschen zugehen können. Für mich ist es absolut unerlässlich, dass Führungskräfte in der Lage sind, auch in Auseinandersetzungen eine respektvolle Haltung gegenüber Kollegen, Vorgesetzten und auch Mitarbeitern zu bewahren – eine zentrale Frage der Unternehmenskultur.

Der Brückenschlag zwischen Sinn und Erfolg ist meines Erachtens für alle Führungskräfte, die ihr eigenes Tun bewusst reflektieren, eine ständige Aufgabe. Ich kann nicht sagen, dass ich da «die Lösung» gefunden hätte. Es ist vor allem ja auch ein ständiger Abgleich zwischen dem, was für mich ganz persönlich Sinn ergibt, und dem, was für das Unternehmen sinnvoll und notwendig ist.

Ich selber sehe meinen Sinn und meine Aufgabe ganz eindeutig darin, dass ich die Kenntnisse, Fähigkeiten und Ressourcen, die mir durch ein, im Vergleich zu vielen anderen Menschen auf der Welt, sehr behütetes Dasein geschenkt wurden, zurückgebe in die Gemeinschaft und einen Platz finde, wo ich diese optimal einsetzen kann. Und das ist für mich der Platz in diesem Unternehmen, dort kann ich mit meinen bescheidenen Möglichkeiten nach meiner Ansicht am wirkungsvollsten tätig sein.

Das gemeinsame Fundament

Wir leben in einer Zeit großer Umbrüche und Veränderungen, eine Situation, die viele Menschen in ihrem beruflichen Alltag verunsichert. Gemeinsame Ziele und Werte sind der entscheidende Halt in diesen stürmischen Zeiten. Sie bilden den Rahmen und das Fundament für tragfähige Entwicklungsprozesse in Unternehmen.

Dieses gemeinsame Fundament hat jedoch noch einen weiteren, ganz entscheidenden Vorteil. Es schafft zwischen den Menschen das notwendige Vertrauen, Individualität und Verschiedenheit des Einzelnen nicht als eine Aufkündigung des Konsenses zu erleben, nach dem Motto «jeder ist sich selbst der Nächste», sondern als eine Bereicherung. Das Vertrauen in das Gemeinsame macht es überflüssig, ständig aufs Neue zu überprüfen, ob man noch in einem gemeinsamen Boot sitzt. Die Menschen verfügen dann über eine gemeinsame Richtschnur, an der sie ihr Handeln messen können, und ziehen an einem Strang.

Für die Identifikation der Mitarbeiter mit ihrem Unternehmen ist es wichtig, nachvollziehen zu können, aufgrund welcher Haltung und welchen Wertesystems wesentliche Entscheidungen im Unternehmen getroffen werden. Teilt der Mitarbeiter diese Haltung, ist sie mit seinem eigenen Wertesystem kompatibel, ergeben Entscheidungen für ihn Sinn, und er fühlt sich dem Unternehmen verbunden. Er wird die getroffenen Entscheidungen dann mittragen. Selbst unangenehme

Entscheidungen, die auf der Basis dieses gemeinsamen Fundamentes getroffen werden, sind für ihn leichter zu verdauen. Statt einen Flächenbrand zu verursachen, der außer Kontrolle gerät, bleibt die Wirkung lokal begrenzt.

Werte verbinden Menschen

Ein schönes Beispiel dafür liefert die Geschichte eines Familienunternehmens der dritten Generation. Das Unternehmen hat sich auf die Herstellung von gesunder und hochwertiger Babynahrung spezialisiert. Qualität war von Anfang an der oberste Richtwert. Das Unternehmen prosperierte, bis ihm in den neunziger Jahren mit einem internationalen Großkonzern ein scheinbar übermächtiger Konkurrent erwuchs. Das Unternehmen stand vor der Wahl, die Qualität seiner Produkte zu senken, und damit preisgünstiger anbieten zu können, oder aber den Preis zu verlangen, den die Qualität seiner Produkte erforderte, und damit schlechte Karten im Preiskampf zu haben. Die Unternehmensleitung entschied sich für die Qualität, wohl wissend, dass das Bewahren von Werten auch einen Preis verlangt.

Einer seiner Großkunden, eine Drogeriekette, sprang ab, und der Unternehmer sah sich gezwungen, massiv die Kosten zu senken und Mitarbeiter zu entlassen. Als er gefragt wurde, was ihm dabei geholfen hat, diese schwierige Situation durchzustehen, sagte er sinngemäß: «Qualität war der oberste Wert meines Großvaters, der dieses Unternehmen auf seinem Bauernhof gründete. Diesem Wert fühlte auch ich mich zutiefst verpflichtet. Ich war bereit, alles aufzugeben, nur diesen Wert nicht. Zur Not hätte ich auf meinem Bauernhof in ganz kleinem Rahmen weiter dafür gearbeitet.»

Zum Glück hatte das Unternehmen die Verbraucher auf seiner Seite. Für die Kunden vermittelte diese konsequente Entscheidung eine hohe Glaubwürdigkeit des Unternehmens und seiner Produkte. Der Großkunde hatte dadurch, dass er diese Produkte nicht mehr führte, empfindliche Umsatzeinbußen auch bei seinen sonstigen Produkten und schloss mit dem Nahrungsmittelunternehmen einen neuen Vertrag.

Für die Mitarbeiter des betroffenen Unternehmens war dies sicherlich eine sehr schwere Zeit. Geholfen haben dabei vor allem zwei Faktoren: das Erkennen, auf welcher Wertebasis unternehmerische Entscheidungen getroffen wurden, und die hohe Glaubwürdigkeit des Chefs, der sein Geld konsequent in die Qualität seiner Produkte investiert – und dafür auch bereit ist, bei sich selbst zu sparen, indem er z. B. auf Geschäftsreisen ein Bahn-Ticket zweiter Klasse löst oder in seinem alten Mercedes Diesel fährt.

Glaubwürdigkeit entsteht durch die Kongruenz von Werten, Haltung und Handlung, die sich vor allem in schwierigen Situationen zeigt. Hohe Werte nur zu postulieren, sie jedoch in den entscheidenden Situationen nicht zu leben, bewirkt das Gegenteil. Gleiches gilt, wenn die Werte nur nach außen verfolgt werden, z. B. um neue Kunden zu gewinnen, aber im Inneren, z. B. für die eigenen Führungskräfte und Mitarbeiter, nicht gelten.

Werte sind der entscheidende Zugang zum Kunden, weil sie zum Handeln, sprich zum Kaufen motivieren. Manche Unternehmen machen sich diese Erkenntnis zunutze und bombardieren z. B. in Werbekampagnen Menschen mit einer Vielzahl von Werten. Damit erreichen sie jedoch relativ wenig, häufig sogar das Gegenteil, weil die Werte dadurch beliebig werden, ein Widerspruch in sich selber und damit ihre Kraft verlieren.

Insofern ist es sinnvoll, sich auf die zwei bis drei zentralen Werte zu konzentrieren, die das Produkt anspricht.

Werte sind aber auch ein wesentlicher Motivationsfaktor für die Mitarbeiter. Ziehen sich die zentralen Werte eines Unternehmens nicht wie ein roter Faden durch das gesamte Handeln des Unternehmens, werden die Kräfte nicht potenziert, sondern hemmen sich gegenseitig. Manche Mitarbeiter fühlen sich durch die Werbebotschaften ihrer Unternehmen im Fernsehen provoziert, weil sie nicht dem entsprechen, wie diese Werte im Unternehmen gelebt werden.

Ein Unternehmen, das auf dem Markt die Werte Familie und Gesundheit anspricht, ist nur dann glaubwürdig, wenn es durch konkretes Handeln zeigt, dass diese Werte auch innerhalb des Unternehmens einen hohen Stellenwert haben z. B., indem es einen hauseigenen Betriebskindergarten einrichtet oder familienfreundliche Arbeitszeitmodelle ermöglicht. Ist dies der Fall, erhöht sich die Wirksamkeit des Unternehmens, weil zwischen Innen und Außen eine Werteverbindung entsteht und damit auch Synergien zwischen Mitarbeitern und Kunden entstehen.

Die Art, wie Unternehmen mit ihren Mitarbeitern umgehen, lässt auch Rückschlüsse darauf zu, wie sie mit ihren Kunden umgehen. Was hat der Kunde von einem Unternehmen zu erwarten, das seine Mitarbeiter auspresst wie eine Zitrone? Menschen reden miteinander. Mitarbeiter und Kunden sind Werbeträger und Botschafter des Unternehmens, ein Faktor, der häufig unterschätzt wird: Zufriedene Kunden berichten im Schnitt sieben Personen von ihren positiven Erfahrungen; ihre negativen Erfahrungen geben sie allerdings durchschnittlich an dreißig Menschen weiter. Mitarbeiter verhalten sich ähnlich.

Stimmigkeit von Visionen und Leitbildern

Wenn wir Entwicklungsprozesse in Unternehmen begleiten, ist das oberste Credo «Stimmigkeit vor Geschwindigkeit» oder, anders ausgedrückt, «so langsam wie nötig und so schnell wie möglich». Entwicklung braucht eine eindeutige Richtung, ein hohes Maß an Energie und einen tragfähigen Rahmen.

Ohne zuerst die gemeinsame Wertgrundlage geklärt zu haben, ergibt es wenig Sinn, sich mit der Gestaltung von Zukunft zu beschäftigen. Von einem weisen Menschen stammt der Satz: «Wer hohe Türme bauen will, muss lange am Fundament verweilen.» Das widerspricht auf den ersten Blick den Anforderungen an die Veränderungsgeschwindigkeit in unserer Gesellschaft. Wenn man sich jedoch dafür nicht die notwendige Zeit gibt, entstehen eine Vielzahl von unbewohnbaren Ruinen.

Hieß es früher, in der Wirtschaft «fressen die Großen die Kleinen» und später dann «die Schnellen fressen die Langsamen» wird es in Zukunft heißen «die Besonnenen fressen die Unbesonnenen».

Der Mensch ist ein bequemes Wesen. Grundsätzlich gibt es für ihn nur zwei gute Gründe, sich in Bewegung zu setzen: Angst, bzw. der Wunsch, Schmerz zu vermeiden, oder das Streben nach Lust. Ersteres stimuliert automatisch den archaischen Fluchtreflex, sich so schnell wie möglich in Sicherheit zu bringen; es gilt, die eigene Haut zu retten. Der Fokus liegt dann nicht darauf, Zukunft zu gestalten, sondern der Gegenwart zu entkommen.

«Nichts Großes ist je ohne Begeisterung geschaffen worden», sagt der amerikanische Philosoph und Dichter Ralph Waldo Emerson. Wo sind die Visionen, die uns Menschen mitreißen, für die es sich lohnt, über den Schatten der eigenen Bequemlichkeit zu springen, unseren Teil an der Verantwortung für das Gemeinwohl zu übernehmen, Zukunft aktiv handelnd zu gestalten?

Fragt man heute Unternehmen nach ihrer Vision oder nach ihrer Aufgabe (Mission), erhält man häufig Antworten wie «Die Nummer Eins auf dem Markt zu sein», «Den Umsatz um 50 Prozent zu steigern», «Den Börsenwert zu verdoppeln», usw. Alles große Ziele, die jedoch keine attraktiven Werte beinhalten, um Mitarbeiter mitreißen zu können. Fragen wie «Wie soll unser Unternehmen in 10 Jahren aussehen?, «Was wollen wir bewirken?», «Was ist der Sinn unseres Unternehmens?» werden viel zu selten gestellt. Genauso wie die Frage «Was brauchen eigentlich unsere Mitarbeiter, um sich mit ihrem Engagement eingeladen zu fühlen?».

Die Bedeutung von Werten für die Motivation der Mitarbeiter hat die Wirtschaft schon vor vielen Jahren erkannt. Die Umsetzung dieser Erkenntnis hat jedoch vielerorts für Frustrationen gesorgt.

Beim Thema Visionen und Leitbilder winken heute viele Unternehmen und Führungskräfte innerlich ab, zu stark ist noch die Erinnerung an die oft vergeblichen Versuche der letzten zehn Jahre, mit Corporate Identity dem Unternehmen neuen Schwung zu verleihen. Es waren in erster Linie plakative Werbesprüche, die sich Berater mit der Führungsspitze ausgedacht hatten und die dann in Hochglanz veröffentlicht wurden. Weder wurden die Mitarbeiter dazu befragt, noch wurde überprüft, ob die Unternehmenskultur dafür überhaupt ein Fundament hat. So waren die formulierten Leitsätze häufig Ansprüche statt gelebte Werte.

Da wurden viele Milliarden ausgegeben, um Sätze zu formulieren, wie «Wir überzeugen durch Qualität», «Bei uns steht der Mensch im Mittelpunkt» oder «Bei uns ist der Kunde König». Alles lobenswerte Aussagen, nur haben sie oft wenig mit der gelebten Realität zu tun. Wenn ein Kunde ein Problem mit dem Unternehmen hat, merkt er oft sehr schnell, dass Könige auch nicht mehr das sind, was sie mal waren. Und dann haben Aussagen wie diese sofort einen gegenteiligen Effekt, weil der Kunde sich getäuscht fühlt.

Visionen haben eine Vielzahl von Unternehmen und ganze Brachen groß gemacht. Ikeagründer Ingvar Kamprad hat mit seiner Vision, funktionale Designermöbel zu Preisen herzustellen, die für jeden erschwinglich sind, ein Imperium aufgebaut. Auch am Anfang der Automobilindustrie stand eine Vision: die Mobilität der Menschen zu erhöhen. In Zeiten, in denen Reisen nur mit Pferdewagen und Eisenbahn möglich war, eine unvorstellbare und verlockende Vorstellung zugleich: die Flexibilität der Pferdewagen mit der Schnelligkeit von Eisenbahnen kombinieren zu können.

Auch Bill Gates, einer der Gründer von Microsoft, hatte eine Vision: Jeder Mensch, jeder Haushalt sollte über einen eigenen Computer verfügen können. Eine atemberaubende Vorstellung, wenn man sich daran erinnert, wie viele Tonnen Gewicht damals ein Computer hatte und wie viel Stellfläche er in Anspruch nahm.

Microsoft hat einen enorm wichtigen Beitrag für den wirtschaftlichen Aufschwung und für den freien Zugang der Menschen zu den Segnungen des Computers geschaffen und ist damit Weltmarkführer geworden. Fragt man heute allerdings, welche Werte, Missionen und Visionen das Unternehmen nach außen erkennbar transportiert, lassen sich die Antworten folgendermaßen zusammenfassen. Die «Behauptung der Marktführerschaft um jeden Preis».

Offensichtlich reicht es nicht aus, eine stimmige Vision zu entwickeln und zu realisieren, wenn die Werte, die diese Vision transportiert, später aus den Augen verloren werden und an ihre Stelle das alleinige Ziel tritt, immer größere Marktanteile zu erobern. Auch eine ursprünglich noch so gute und stimmige Vision verlangt, dass man immer wieder mal hinschaut, ob sie noch gilt oder weiterentwickelt werden muss.

Visionen sind unverzichtbar für die Gestaltung von Zukunft. Aber nicht jede Vision muss gleich die gesamte Welt verändern. Ein Mitarbeiter, der einen Verbesserungsvorschlag einbringt, der den Kunden und dem Unternehmen zugute kommt, ein Team, das ein neues Produkt entwickelt, das den Menschen zugute kommt, ein Personalchef, der sich für eine Unternehmenskultur engagiert, in der sich die Mitarbeiter entfalten können, sie alle sind Visionäre.

Das Wesen von Visionen wurde an anderer Stelle bereits ausführlich beschrieben (siehe «Konstruktiv der Welt begegnen»). Damit sie ihre Wirkkraft optimal entfalten können, muss der Nutzen für andere erkennbar sein. Aber ein Unternehmen braucht nicht nur in ausreichendem Maße Visionen, um Zukunft zu gestalten, sondern auch überzeugende Gründe für seine Existenz in der Gegenwart, um die Mitarbeiter und Kunden berühren zu können. Fragen wie «Wozu sind wir eigentlich da?», «Was wollen wir mit unserer Arbeit bewirken?» oder «Wozu braucht die Welt ausgerechnet unser Unternehmen?» helfen dabei, sie sichtbar zu machen.

Diese Fragen nach der Mission rufen häufig zuerst Irritationen hervor, wenn wir sie in einem Unternehmen stellen. Der Selbstzweck liegt meist schnell auf der Hand, nämlich Geld zu verdienen mit allen positiven Konsequenzen, die das für die Beteiligten hat. Dabei ist die schlüssige Beantwortung dieser

Frage ein wesentlicher Faktor für die Vermittlung der Sinnhaftigkeit ihrer Tätigkeit an die Mitarbeiter.

Eine Mission ist dann stimmig, wenn es sich für die Mitarbeiter lohnt, sich dafür voll zu engagieren. Auch hier sind die Bindeglieder Sinn und Werte, die Gleiches in ausreichendem Maße in den Mitarbeitern berühren. Dann ist die Tätigkeit des Einzelnen, wie einfach oder anspruchsvoll sie auch immer sein mag, ein wichtiger, kostbarer Beitrag im Hinblick auf die gemeinsame Mission. Jemand, der in einem Dreisternerestaurant auf einer Toilette ohne Toilettenpapier sitzt, merkt sehr schnell, dass es für sein Wohlbefinden als Gast mehr braucht als nur einen Spitzenkoch.

Von Antoine de Saint-Exupèry stammt der schöne Satz: «Wenn du ein Schiff bauen willst, fange nicht damit an, Holz zusammenzutragen, Bretter zu schneiden und Arbeit zu verteilen, sondern wecke in den Menschen die Sehnsucht nach dem großen, weiten Meer.» Stimmige Visionen und Missionen entfalten ihre Wirkung in den Menschen. Sie haben etwas Mitreißendes und setzen das Beste in den Menschen frei.

Die Brücke im Unternehmen zwischen Sinn und Werten (Vision und Mission) auf der einen Seite und der konkreten Realisierung (Zielen und Ergebnissen) sind gemeinsame Leitbilder. Diese Verbindung ist entscheidend für die erfolgreiche Umsetzung. Während Sinn und Werte die tieferen Beweggründe beinhalten, geben Leitbilder Orientierung für die Haltung und dem eigenen Handeln Richtung und Form. Leitbilder fordern einen verbindlichen und konkreten, zielgerichteten Beitrag vom Einzelnen und brechen damit Sinn und Werte auf konkretes zielorientiertes Handeln herunter. Fehlt dieser Schritt, so bleiben Vision und Mission im Land der Träume und Phantasien und ihre Wirkung verpufft ins Leere.

Steht hingegen das Leitbild nicht auf einem gemeinsamen Werte-Fundament, fehlt ihm die Kraft und das Comittment der Beteiligten. Es sind dann bestenfalls Ansprüche im Sinne von, «So sollten wir das machen», wie viele durchaus ernst gemeinte Vorsätze für das neue Jahr, die sich bereits nach kurzer Zeit überholt haben. Wenn es keine tieferen Beweggründe gibt, hält man das nicht lange durch.

Leitbilder funktionieren wie Wegweiser. So kann z. B. nicht nur ein Unternehmen seine strategischen Entscheidungen an diesem Leitbild orientieren und immer wieder überprüfen, sondern die Führungskraft auch ihr Führungsverhalten. Leitbilder wirken immer, nur oft nicht so wie beabsichtigt. Werden propagierte Leitbilder nicht, für die Mitarbeiter deutlich erkennbar, zielstrebig verfolgt, erzielen sie die gegenteilige Wirkung.

So wurden wir z. B. von einem produzierenden mittelständischen Unternehmen angefragt, ob wir der mittleren Führungsebene «nicht mal kräftig den Kopf waschen können». Das Problem war für die Geschäftsführung offensichtlich: Die Ausländerfeindlichkeit der Führungskräfte führte zu einer hohen Fluktuation unter den überwiegend ausländischen Arbeitern, was zu einem ernsthaften Problem für das Unternehmen wurde.

Den Mitarbeitern «den Kopf zu waschen» ist eine klassische Führungsaufgabe und lässt sich nicht an externe Berater delegieren. Auf unsere Nachfrage nach einem Führungsleitbild bekamen wir die Antwort: «Haben wir vor einigen Jahren entwickelt und hängt in Plakatform an der Eingangstür jeder Fabrikhalle.» Es war wunderschön formuliert, jeder Mensch würde sich darum reißen, in diesem Unternehmen mit so tollen Führungskräften arbeiten zu dürfen. Nur hatte das Leitbild mit der gelebten Realität nichts zu tun. Die Mitarbeiter zogen sich demotiviert zurück. Insofern ist kein Leitbild zu haben meist besser als eines, das nur auf dem Papier steht.

Stimmige Visionen, Missionen und gelebte Leitbilder, die mit konkreten Zielen verbunden sind, motivieren Mitarbeiter, ihre besonderen Fähigkeiten einzubringen. Man kann sich leicht vorstellen, welche Energie, welche Kreativität und welche Ressourcen dadurch in den Menschen freigesetzt werden. Emil Oesch formulierte es treffend: «Ein entschlossener Mensch wird mit einem Schraubenschlüssel mehr anzufangen wissen als ein unentschlossener mit einem Werkzeugladen.»

Kultur: Die Seele des Unternehmens

Ob und wie Unternehmensentscheidungen und Handlungen, aber auch Werte, Visionen und Leitbilder innerhalb des Unternehmens wirken, zeigt sich immer auch daran, welche Resonanz sie in der Unternehmenskultur entfalten.

Unternehmenskultur ist ein komplexes Geflecht von Werten, Einstellungen, Überzeugungen und Orientierungsmustern und drückt sich in mehrheitlich übereinstimmendem Denken, Fühlen und Handeln der Unternehmensmitarbeiter aus. Damit ist sie vor allem auch Ausdruck davon, wie das Unternehmen mit den Menschen und die Menschen miteinander umgehen.

Betrachtet man ein Unternehmen als ein Lebewesen, so ist die Organisation der Körper, die Kompetenz der Geist und die Unternehmenskultur die Seele des Unternehmens. Aus der Medizin wissen wir, wenn die Seele leidet, hat dies häufig negative Konsequenzen für die Gesundheit des Körpers, in diesem Fall für die des Unternehmens. Das Immunsystem wird geschwächt, relativ harmlose Einflüsse von außen können zu schwerwiegenden Problemen führen. Das System gerät aus dem Gleichgewicht.

Häufig ist die Unternehmenskultur, die Art und Weise, wie die Menschen im Unternehmen miteinander umgehen, ein zuverlässiger Frühindikator für die wirtschaftliche Entwicklung eines Unternehmens. Die Kultur eines Unternehmens lässt sich zwar nicht quantitativ in Zahlen messen, aber fühlen, schmecken und riechen. Man merkt es etwa daran, wie energievoll oder angestrengt die Menschen wirken, wie sie einander begrüßen und miteinander reden oder wie viel Freude in ihren Gesichtern geschrieben steht.

Man kann dies immer wieder bei jungen Unternehmen beobachten, die plötzlich den großen wirtschaftlichen Durchbruch erzielt haben. Der Umzug von der Garage im Hinterhof in einen mehrstöckigen Büroneubau ist häufig eine sehr gefährliche Zeit für das Unternehmen. Das, was die Menschen bisher zu Höchstleistungen getrieben hat, die gemeinsame Vision, der Pioniergeist, das Zusammenstehen in schwierigen Zeiten, die flachen Hierarchien, die gegenseitige Unterstützung usw., tritt dann oft in den Hintergrund und wird durch die Insignien des Erfolges wie höheres Gehalt, Dienstwagen, Kreditkarte für Geschäftsessen oder ein eigenes Büro mit persönlicher Assistentin ersetzt.

Wir haben an früherer Stelle von den unterschiedlichen Währungen gesprochen, in denen Menschen für ihren Einsatz bezahlt werden wollen. Auch die Währungen, die potenziell im Unternehmen zur Verfügung stehen, spiegeln die Unternehmenskultur. Da gibt es gemeinsame Visionen, Teamgeist und Solidarität, spannende Projekte, Entwicklungsmöglichkeiten, Respekt und Anerkennung, Synergien usw. Alles Währungen, die man auf Dauer mit Geld nicht kompensieren kann.

Gerade in Zeiten von Veränderung gibt eine positive Unternehmenskultur den Menschen Halt und Sicherheit. Wenn wir Entwicklungsprozesse in Unternehmen begleiten, achten wir deshalb grundsätzlich darauf, dass nicht nur Veränderungsziele, sondern auch ausreichend viele Bewahrungsziele formuliert werden. Diese betreffen meistens positive Aspekte der Unternehmenskultur. Eine positive Unternehmenskultur kann man in relativ kurzer Zeit zerstören, sie hingegen wieder aufzubauen, dauert oft viele Jahre.

Die Rechnung ohne die Mitarbeiter gemacht

Wir leben in einer Zeit der Fusionen und Übernahmen, Unternehmen werden gekauft und verkauft, schließen sich zusammen, werden ausgegliedert, umbenannt. Diesen Entscheidungen liegen in der Regel wohl durchdachte strategische und wirtschaftliche Überlegungen zugrunde. Ein Heer von Fachleuten beschäftigt sich damit, Synergieeffekte und Kosteneinsparungen zu berechnen, die Führungsspitzen verhandeln bis in kleinste Detail. Dennoch bringen 85 % aller Fusionen nicht annähernd das erwünschte Ergebnis.

Ein Grund dafür ist unserer Meinung nach, dass man dem Aufeinandertreffen unterschiedlicher Unternehmenskulturen und -identitäten nicht genügend Aufmerksamkeit widmet. Wer kümmert sich darum, wie es den «Übernommenen» geht, zumindest denen, die ihren Arbeitsplatz behalten haben? Welche Wirkung hat die Neuverteilung der Führungsposten? Und wie verhält es sich mit der neuen Unternehmensphilosophie? Und mit der Identifikation der Mitarbeiter mit «ihrer alten Firma» und dem «alten Namen»?

Wir konnten dies bei einem mittelständischen Traditionsunternehmen beobachten, das seit Generationen eine Institution in der Region war. Die Menschen waren stolz darauf, für dieses Unternehmen zu arbeiten. Der wirtschaftliche Erfolg war für diese Branche einmalig in Deutschland. Das Unternehmen wurde von einem deutschen Konzern gekauft und umfirmiert. Obwohl die Führungsspitze blieb, sank die Rendite auf weniger als die Hälfte. Dann wurde das Unternehmen an einen ausländischen Konzern verkauft, die Führungsmannschaft ersetzt und der Name ein weiteres Mal verändert. Die Konzernvorstände wundern sich wahrscheinlich heute noch, warum dieser Unternehmensbereich jetzt rote Zahlen schreibt. Mitarbeiter und Kunden lassen sich nicht so einfach mitverkaufen.

Die Reibungsverluste in einer gestörten Unternehmenskultur sind enorm hoch. Zwei Kollegen, die einen ungelösten Konflikt miteinander haben, sich gegenseitig Steine in den Weg werfen und einander den Respekt verweigern, kosten das Unternehmen ein Vermögen. Wenn es sich dabei um die Führungsspitze des Unternehmens handelt, unter Umständen sogar die Existenz.

Wir haben diese Situation zwischen zwei Geschäftsführern eines mittelständischen Unternehmens erlebt, die füreinander wie rote Tücher waren. Auch wenn sie sich möglichst aus dem Weg gingen, reichte schon eine zufällige Begegnung oder eine Aktennotiz des anderen für den größten inneren Aufruhr. An konstruktives und konzentriertes Arbeiten war in den nächsten Stunden nicht mehr zu denken.

In einem Konflikt-Coaching, zu dem sich die beiden mit dezentem Druck ihrer Mitarbeiter durchrangen, konnten die Verknotungen aufgelöst werden. Sie werden nie Freunde werden, auch keine privaten Kontakte pflegen, aber sie können wieder den Beitrag des anderen für das Gemeinsame wertschätzen und sich mit Respekt begegnen. Das Unternehmen atmete hörbar auf, weil auch die anderen Kollegen durch diesen Konflikt massiv beeinträchtigt worden waren.

Manche Unternehmen erkennen die Defizite in der Unternehmenskultur, trauen sich an dieses Thema jedoch nicht heran. Getreu dem Motto «Bloß keine schlafenden Hunde wecken». Aber die Hunde sind schon längst wach, nur bellen sie nicht, sondern knurren im Verborgenen. Mitarbeiter haben sehr feine Antennen und zeigen sich ausgesprochen dankbar, wenn man sich um ihr Wohl kümmert. Selbst wenn das bedeutet, das man dafür die sprichwörtlichen Leichen aus dem Keller holen muss.

Wenn die Kultur eines Unternehmens nur 10 % des Engagements und der Leistungsfähigkeit der Mitarbeiter einschränkt, und das ist sehr bescheiden geschätzt, gibt es in diesem Unternehmen ein riesiges ungenutztes Potenzial. Ähnlich wie beim Einzelnen, existieren in der Unternehmenskultur feste Überzeugungen, die als Resümee gemachter Erfahrungen im Unternehmen entstanden sind. Diese kollektiven Glaubenssätze haben eine enorm starke Wirkung zum Positiven wie zum Negativen.

Unternehmen, in denen Mitarbeiter hin und her geschoben werden wie Figuren auf dem Schachbrett, sorgen dafür, dass sich die Mitarbeiter nicht mehr von selbst bewegen. Wird zum fünften Mal in wenigen Jahren die Organisationsstruktur verändert, warten die Menschen in ihrer Deckung lieber gleich auf das sechste Mal, nach dem Motto «Es ist sinnlos, sich auf Veränderungen einzulassen, die sowieso gleich wieder überholt sind». Die Veränderungsenergie stößt in diesem Fall auf eine träge Masse und verpufft. Ohne die Bremsen in der Unternehmenskultur zu lösen, macht es keinen Sinn, Zukunft gestalten zu wollen.

In einem mittelständischen Familienunternehmen hatte ein externer Geschäftsführer jahrelang Angst und Schrecken verbreitet. Er hetzte die Mitarbeiter aufeinander, band sie in Intrigen ein, und wer nicht mitmachte, wurde massiv sanktioniert. Der Unternehmerfamilie war dies egal, solange die Zahlen stimmten. Als das Betriebsergebnis immer mehr nach unten sackte, setzte sie eine neue Geschäftsführung ein, die wesentlich menschlicher mit den Mitarbeitern umging, und erhoffte sich davon die Wende zum Besseren. Das Problem war jedoch, dass die Mitarbeiter sich bereits stark zurückgezogen hatten und eine extrem starke Kultur von Misstrauen im Unternehmen entstanden war, sodass sie auf den Wechsel der Führung kaum reagierten. Es war für sie bestenfalls ein neuer Trick der Unternehmenseigner, um noch mehr Leistung aus ihnen herauszuholen.

In der Unternehmenskultur waren Glaubenssätze entstanden wie «Hier muss jeder selber schauen, wie er überlebt», «Man kann hier niemandem trauen», «Wir sind denen doch völlig egal». Dem stand die Botschaft der neuen Geschäftsführung gegenüber: «Ab sofort wird alles anders, ihr könnt uns vertrauen!» Die Botschaften der Mitarbeiter und die Botschaften der Geschäftsführung gingen aneinander vorbei. Ein gemeinsamer Neubeginn war erst möglich, nachdem die Geschichte in aller Offenheit aufgearbeitet wurde. Erst dann konnten die Wunden langsam heilen und sich neue, konstruktivere Glaubenssätze bilden.

Da die Inhaberfamilie nicht bereit war, sich auf diesen Prozess einzulassen, entwickelten die Mitarbeiter zwar Vertrauen gegenüber der neuen Geschäftsführung, das Misstrauen gegenüber den Eigentümern aber, die diese Entwicklung zugelassen hatten, blieb. Als Folge davon manifestierte sich der Konflikt dann zwischen Geschäftsführung und Unternehmerfamilie und führte dazu, dass die Geschäftsführung ein weiteres Mal ausgewechselt wurde.

Konfliktbearbeitung als Kulturhygiene

Entwicklungsprozesse, welche die obersten Führungsetagen aussparen, sind in der Regel zum Scheitern verurteilt, weil das Problem lediglich verlagert wird. Dass dies dennoch gerne praktiziert wird, ist für uns Ausdruck von Konfliktscheu und der fehlenden Erkenntnis, dass ungelöste und schwelende Konflikte entscheidende Einflussgrößen im Unternehmen darstellen. Sie binden ein enormes Energiepotenzial – deswegen bedeutet Konflikte anzugehen immer auch, für Entwicklung notwendige Energien zu erschließen.

In der Wirtschaft gibt es die Tendenz, über Konflikte hinwegzugehen, getreu dem Motto «Lass uns das abhaken und nach vorne schauen», oder «Wir arbeiten zielorientiert, nicht problemorientiert». An beidem ist etwas Wahres dran. Ohne gemeinsame Ziele lohnt es sich nicht, Konflikte anzugehen. Wer stellt sich schon gerne Konflikten? Der Einzelne muss wissen, wofür es sich lohnt, über den eigenen Schatten zu springen.

Auf der anderen Seite ist es häufig nicht möglich, sich auf gemeinsame Ziele zu verständigen, wenn die vorhandenen Konflikte zu massiv sind. Die Konflikte brechen dann spätestens bei der Zielfindung auf und verhindern tragfähige Ergebnisse.

Als Trainer und Moderatoren in Entwicklungsprozessen wissen wir um die Kraft von Konflikten. Egal, ob es sich um strategische Orientierung, die Entwicklung von Leitbildern oder um eine Teamentwicklungsmaßnahme handelt, letztlich geht es immer um die Gestaltung von Zukunft. Deshalb steigen wir häufig mit Fragen ein wie «Was hindert Sie daran, sich engagiert auf die Gestaltung von Zukunft einzulassen?», «Welche Probleme müssen Sie lösen, damit sie wirklich frei sind, Zukunft zu gestalten?» oder «Wie würden Sie entscheiden, wenn Sie keine Angst vor Reputationsverlust, Häme, Widerstand usw. hätten?».

Probleme und Konflikte zu lösen und damit Kulturhygiene zu betreiben ist die eine Sache. Da wir als Moderatoren nicht die Konflikte für die Beteiligten lösen, sondern diese dabei unterstützen, sie selbst zu lösen, findet ein wichtiger Lern- und Entwicklungsschritt in den Menschen statt und damit auch in der Unternehmenskultur. Neben der großen Erleichterung, die Konflikte endlich gelöst zu haben, machen die Beteiligten die Erfahrung, dass auch schwere Konflikte oft lösbar sind und vor allem, dass sie es selbst geschafft haben, sie zu lösen.

Das hat unmittelbare Folgen für die Unternehmenskultur: Konflikte werden früher thematisiert, und zwar, bevor das Kind in den Brunnen gefallen ist. Die Konfliktlösungskompetenz im Unternehmen steigt, und die Menschen wenden diese Kompetenz auch bei Konflikten an, von denen sie unmittelbar gar nicht betroffen sind.

Viele Mitarbeiter in Unternehmen stehen massiv unter innerem und äußerem Druck. Mobbing ist eine mittlerweile verbreitete Form, diesen Druck an anderen Menschen auszuagieren. Manchen Menschen ist gar nicht bewusst, was sie einander damit antun, sie halten das für einen recht harmlosen Spaß: «Der andere kann sich ja wehren!» Aber genau das ist nicht der Fall, der andere erlebt sich als ohnmächtig und wehrlos.

Eine gute Unternehmenskultur verhindert Mobbing-Strategien, weil außerhalb des Konfliktes stehende Mitarbeiter nicht die Augen verschließen, sondern einschreiten. Statt zu beobachten und Gott dafür zu danken, dass man selbst nicht davon betroffen ist, wird man nach einiger Zeit auf die Streithähne zugehen, ihnen Hilfe anbieten, aber im Interesse des

Unternehmens auch auffordern, diesen Konflikt endlich zu bereinigen.

Unternehmenskultur ist nicht vorgegeben, sondern wird von Menschen gemacht. Und ist damit von ihnen auch veränderbar. In unserem Seminar «Emotionale Intelligenz», in dem es immer wieder auch um das Miteinander der Menschen im Unternehmen geht, hören wir von Teilnehmern häufig: «Sie haben völlig Recht, aber sagen Sie das mal denen da oben», «Eigentlich sollten die hier sitzen», oder «Sagen Sie das mal meinem Vorgesetzten». Natürlich hat das Verhalten der Führungsspitze Signalwirkung, aber jeder Mensch hat Einfluss im Unternehmen, wie klein oder groß der auch immer sein mag.

In jedem Großunternehmen gibt es eine Vielzahl von Subkulturen. Die meisten Teilnehmer in unseren Seminaren sind selbst Führungskräfte auf den unterschiedlichsten Ebenen. Wenn jeder seinen eigenen Vorgesetzten als Alibi anführt, wird sich tatsächlich wenig ändern. Jeder hat die Möglichkeit, in seinem Verantwortungsbereich Einfluss auf die Unternehmenskultur zu nehmen. Vielleicht nicht mit durchschlagender Wirkung auf das gesamte Unternehmen, aber in jedem Fall auf die eigene Abteilung, das eigene Team, die eigenen Kollegen. Menschlichkeit im Umgang miteinander kann man nicht delegieren. Voraussetzung dafür ist ein gewisses Maß an Verantwortungsbewusstsein für die anvertrauten Menschen und für das Wohl des Unternehmens. Dazu gehört auch die Bereitschaft, gelegentlich gegen den Strom zu schwimmen.

Brunhilde Gurth

Führung aus der Sicht einer Geführten

Als ich 1992 als Zeitarbeitskraft bei unserem Unternehmen tätig wurde, blickte ich bereits auf ein langes Berufsleben zurück. Ich hatte drei Kinder großgezogen, war zwölf Jahre selbständig und hatte fünfzehn Jahre als Angestellte gearbeitet. Als sich eine feste Anstellung in unserem Unternehmen bot, führte ich ein Gespräch mit meinem damaligen Vorgesetzten. Seine Reaktion nach Einsicht meiner Zeugnisse war recht skeptisch. «Sie waren in vielen Bereichen tätig und auch noch selbständig. Meinen Sie, dass Sie sich hier einordnen und anpassen können?»

Erst meine Versicherung, dass ich älter geworden und in der Lage sei, meine Meinung für mich zu behalten, beruhigte ihn. Ich bekam den Job, allerdings mit dem Hinweis, dass meine Aussichten auf eine Gehaltsentwicklung sehr schlecht stünden, da ich ja den angestrebten Beruf (Sachbearbeiterin) nicht erlernt hatte; aber immerhin winkten so verlockende Dinge wie Unternehmensrente und Betriebliche Vermögensverwaltung. Anpassung würde sich also letztlich lohnen …

Einordnen und anpassen, diese beiden Begriffe spiegelten den damaligen Geist in unserem Unternehmen ziemlich deutlich wider.

Es gab einige Regeln, deren Einhaltung Pflicht war: «Selbständiges Denken ist unangebracht und unerwünscht, und ausgeführt wird ausschließlich, was angeordnet wird.»

So alt und weise, wie ich es meinem damaligen Chef versprochen hatte, war ich aber wohl doch nicht geworden, denn ich versuchte immer wieder – trotz gut gemeinter Warnungen meiner Kollegen – einige Änderungen an meinem Arbeitsplatz durchzusetzen, wurde aber schnell als «übertrieben ehrgeizig» abgestempelt und von meinem damaligen Vorgesetzten mit Sätzen gemaßregelt, wie z.B.: «Sie sind hier in einem Unternehmen und nicht in Ihrem eigenen Büro. Ich mache das schließlich seit 40 Jahren und weiß was und wie es geht.»

Irgendwann gibt der Klügere ja bekanntlich nach, und so beschränkte ich meinen Arbeitseinsatz auf das Notwendigste und versuchte die Tage so konfliktarm wie möglich «rumzukriegen». Frustration machte sich breit. Als Belohnung für mein kooperatives Verhalten rutschte ich eine Tarifgruppe höher.

Vier Jahre später wechselte der Vorgesetzte, und das Klima in der Gruppe ist zwei Jahre nach seinem «Amtsantritt» ein völlig anderes. Jetzt zählen keine markigen Sprüche wie: «Sie haben das nicht gelernt, lassen Sie andere für sich denken und führen Sie einfach aus», sondern «Jeder ist gefordert, jeder bringt ein, was er kann, und versucht, seinen Arbeitsplatz so effizient wie möglich auszufüllen.»

Heute ist mein beruflicher Erfahrungsschatz kein lästiges Beiwerk, das man vergisst, sondern ein wertvoller Baustein, wenn es um Verbesserung und Veränderungen geht.

Meine Selbständigkeit wird positiv bewertet, und die Mitarbeiter bekommen den Freiraum, den sie brauchen, um ihre Ideen einzubringen und ihren Arbeitsplatz so einzurichten, ihre Zeit so einzuteilen, wie es für das Arbeitsergebnis am besten ist.

Der Vorgesetzte hat sich damit keineswegs «entmachtet», im Gegenteil, der Respekt, der ihm entgegengebracht wird, ist ehrlicher als der angeordnete Respekt früherer Zeiten.

Die Gruppe arbeitet produktiver und ist selbstbewusster geworden. Gehaltsanhebungen messen sich an Leistung und nicht an Anpassungsfähigkeit.

Ich denke, unser jetziger Vorgesetzter verfügt über sein Fachwissen hinaus über ein hohes Maß an emotionaler Kompetenz und wird die anstehenden wirtschaftlichen Veränderungen mit Hilfe eines Teams, das hinter ihm und dem Unternehmen steht, meistern.

Auch Führungskräfte sind Menschen

Es gibt eine Vielzahl von Faktoren, die Einfluss auf Unternehmensklima und Unternehmenskultur haben. An erster Stelle sei die Glaubwürdigkeit der Führung genannt. Dazu gehören klare, nachvollziehbare Ziele, aber auch Ehrlichkeit und Offenheit im Umgang mit Menschen und Konfliktsituationen. «Die Wahrheit ist dem Menschen zumutbar», war einer der wesentlichen Leitsätze von Alfred Herrhausen.

Wie ist es um die Großzügigkeit im Unternehmen bestellt? Leistet es sich, seine Mitarbeiter in persönlichen oder beruflichen Krisensituationen zu unterstützen? Werden Mitarbeiter in Entscheidungsprozesse eingebunden? Werden sie in ihrer fachlichen und menschlichen Entwicklung gefördert? Wird ihnen Verantwortung übertragen? Werden sie ernst genommen?

Unternehmenskultur ist wie ein scheues Reh. Negative Botschaften wirken sofort und schlagen die Menschen in die Flucht, positive Botschaften hingegen brauchen lange, bis sie die Menschen wieder aus ihren Verstecken herauslocken. Dennoch werden in diesem sensiblen Bereich viele Böcke geschossen.

Die Wirkung von Führungsverhalten und Unternehmensentscheidungen wird häufig unterschätzt, schließlich orientiert man sich dabei doch an einer klaren Faktenlage. Aber Entscheidungen auf der Sachebene sind immer auch Signale und Botschaften auf der Beziehungsebene, an die Unternehmenskultur.

Man kann dies gut in der Politik beobachten, z. B. wenn sich Abgeordnete die Diäten erhöhen, während das Volk sparen soll. Oder wenn Vorstände ihre eigenen Bezüge massiv steigern und gleichzeitig aus Kostengründen Personal abbauen. Auf der Sachebene sind dies angesichts der Gesamtdimensionen materiell vielleicht nur Kleinigkeiten, aus der «Portokasse» bezahlbar, aber die immaterielle Botschaft ist gewaltig.

Man kann sich diese Entscheidung vielleicht wirtschaftlich leisten, aber kann man sich auch deren Botschaft leisten? Und welchen schleichenden, in diesem Moment noch unsichtbaren wirtschaftlichen Schaden zieht diese Botschaft nach sich?

Das alltägliche Dilemma einer Führungskraft

Es sind nicht nur die Entscheidungen «von oben», die Einfluss auf die Unternehmenskultur nehmen, auch das ganz alltägliche Führungsverhalten der «kleinen Führungskraft» zeigt seine Spuren in der Unternehmenskultur, z. B. bei der Kündigung von Mitarbeitern. Ob es gelingt, die Notwendigkeit nachvollziehbar zu machen und vor allem auch die Art und Weise, wie Kündigungen ausgesprochen werden, ist von entscheidender Bedeutung.

Auch Führungskräfte sind Menschen, und als solche befinden sie sich in dieser Situation in einem Dilemma zwischen ihrer Menschlichkeit auf der einen Seite und der Notwendigkeit, ihrer Führungsaufgabe gerecht zu werden, ein Spagat, der selbst gestandene Manager innerlich erzittern lässt. Natürlich ist es eine schwierige Situation, einen guten Mitarbeiter zu entlassen. Vor allem, wenn man um dessen persönliche Situation weiß. Vielleicht hat er soeben eine Eigentumswohnung gekauft, und seine Frau erwartet das dritte Kind. Oder er ist gerade erst an den Unternehmensstandort gezogen und hat seine Freunde und Familie zurückgelassen, um sich beruflich eine neue Perspektive aufzubauen.

Unserer Meinung nach erhalten Führungskräfte in der Regel jedoch genügend Schmerzensgeld, um sich dieser Situation zu stellen. Stattdessen versuchen sie jedoch häufig, diesem Dilemma zu entgehen. Da werden Kündigungen schriftlich oder gar vorab per E-Mail zugestellt oder die ganze Angelegenheit an die Personalabteilung delegiert, die diesen Vorgang routiniert, sachlich und möglichst weit entfernt abwickelt. Manche Unternehmen zahlen im Kündigungsfall eine Abfindung und sind der Meinung, sich damit gut aus der Affäre gezogen zu haben.

Immer wieder machen Führungskräfte den Fehler zu glauben «Wenn der Mitarbeiter weg ist, ist er weg, und damit ist das Thema erledigt». Oberflächlich betrachtet stimmt das auch. Doch die Art, wie dies geschieht, lebt in den Menschen und der Kultur weiter. Die anderen Mitarbeiter beobachten sehr genau, wie mit ihren Kolleginnen und Kollegen umgegangen wird.

Eine Führungskraft, die sich dieser Situation stellt, und nur solche verdienen in unseren Augen diesen Namen, begibt sich auf glattes Eis. Einstudierte Floskeln helfen nicht weiter, es gibt keinen Königsweg, stattdessen ein innerliches Ringen um die passenden Worte, Hilflosigkeit. Dies führt manchmal zu einem regelrechten Eiertanz: «Mir sind die Hände gebunden», «Es ist nicht meine Entscheidung», «Ich bin total dagegen», oder «Sie sind der Erste, den ich wieder einstelle».

Eine gute Führungskraft zeichnet sowohl Sozialkompetenz als auch Entscheidungskompetenz und Handlungskompetenz aus. Und das bedeutet, auch unangenehme Entscheidungen zu treffen und zu ihnen zu stehen und gleichzeitig angemessen mit den eigenen Gefühlen und den Gefühlen anderer umzugehen. Für uns heißt das, dem Mitarbeiter neben seinem Arbeitsplatz nicht auch noch Würde und Selbstwert zu nehmen.

Führungskraft zu sein bedeutet, eine bestimmte Rolle einzunehmen und damit einen wichtigen Beitrag für den Erfolg des Unternehmens zu leisten. Mitarbeiter und Unternehmensleitung müssen sich darauf verlassen können, dass diese Rolle auch tatsächlich ausgefüllt wird, sonst entsteht ein Vakuum. Zu der Rolle Führungskraft gehört es, Orientierung zu geben, Entscheidungen zu treffen und für ihre Umsetzung zu sorgen, Zielvorgaben zu erfüllen und vor allem Mitarbeiter zu führen. Führungskräfte können sich keinen Eiertanz leisten.

Gerade in Zeiten zahlreicher Veränderungen, die äußere und innere Verunsicherung für die Menschen mit sich bringen, ist die Führungskraft neben der Unternehmenskultur ein wesentlicher Haltepunkt, der Vertrauen und Sicherheit gibt.

Führungskräfte sind in erster Linie Menschen, egal, wie viel Sterne sie auf ihrer Schulter tragen. Zum Menschsein gehören Menschlichkeit und Mitgefühl, die Fähigkeit und auch die Bereitschaft, sich von anderen Menschen und deren Emotionen und Schicksalen berühren zu lassen. Dies gilt für Führungskräfte in besonderem Maße, weil sie mit ihrem Handeln massiv Einfluss auf das Befinden von Menschen nehmen.

Auf der anderen Seite ist die Rolle einer Führungskraft nicht die eines Sozialarbeiters, bei der die Befindlichkeit der Menschen an erster Stelle steht. Lässt man die Emotionen von anderen Menschen zu nahe an sich heran, wird man von ihnen überschwemmt und hat damit ein ernsthaftes Problem. Deshalb sind zwei Fähigkeiten gefordert: so offen zu sein, dass man den Menschen ein echtes Gegenüber ist, und gleichzeitig, sich auch vor zu großer Betroffenheit schützen zu können.

Selbst bei Meistern in dieser Disziplin wird das nicht immer und ständig funktionieren. «Wer sich nicht manchmal zu viel auf die Menschen einlässt, lässt sich immer zu wenig ein», sagt ein Sprichwort.

Glaubwürdigkeit setzt immer voraus, dass der Mensch hinter seiner Rolle erkennbar ist. Jeder Mensch hat seine ganz eigene Persönlichkeit, die ihn einzigartig macht. Der eine ist von seinem Wesen eher kauzig, der andere eher jovial, der dritte tough, der vierte verständnisvoll usw. Diese Seiten auch zu zeigen ist sehr wichtig, denn sie machen den Menschen hinter seiner Rolle sichtbar. Natürlich geht es nicht darum, das Unternehmen als Spielfeld zu nutzen, auf dem man endlich all seine Macken ausleben darf, für die einem zu Hause die Höchststrafe droht. Aber Menschen lassen sich nur von Menschen berühren, nicht von Rollen, die, wenn nichts dahinter ist, zu Masken werden.

Führungskräfte dürfen und sollen ihre Kanten und Ecken haben. Wenn man sie kennt, läuft man nicht dagegen und weiß sie einzuschätzen. Nichts ist schlimmer für einen Mitarbeiter als eine langweilige oder gar aalglatte Führungskraft. Jeder Mensch trägt seine Gefühle immer wieder einmal in Situationen, wo sie nicht hingehören. Zum Beispiel privaten Ärger, der in einem Mitarbeiter sein willkommenes Ventil findet. Hier hilft eine Entschuldigung oder vielleicht schon im Vorfeld der Hinweis auf die eigene Gefühlslage, damit der Mitarbeiter diese nicht auf sich bezieht. Menschsein verbindet!

Emotionale Kompetenz als Schlüssel

Führungskräfte arbeiten in einem Hochleistungsbereich. Ihre Leistungskraft wird tagtäglich gefordert, und in ihrer Position haben sie häufig niemanden, hinter dem sie sich verstecken können, sie sind ständig «on stage».

Ähnlich wie bei Spitzensportlern, die unter vergleichbarem Druck stehen, reicht auch bei Führungskräften häufig bereits eine kleine Irritation aus, um kurzfristig das innere Gleichgewicht zu verlieren. Die eigene Balance relativ schnell wiederherstellen zu können wird dadurch zu einer Grundvoraussetzung für kompetente Führung. Ein Mensch, der seine Balance verloren hat, kann durchaus noch gut in seinem Beruf funktionieren. Aber wenn es darum geht, andere Menschen mitzureißen, Leidenschaft, Kreativität und Engagement zu entfachen, stößt er sehr schnell an seine Grenzen.

Zu professionellem Verhalten im Beruf gehört, dass man seine eigene Befindlichkeit bis zu einem gewissen Grad zurückstellen kann. Das ist kurzfristig fast immer möglich. Problematisch wird es, wenn dies ein chronischer Dauerzustand wird, eine Tendenz, die wir zunehmend bei Führungskräften auf allen Ebenen beobachten.

Viele Führungskräfte leiden unter ihrer Rolle. Manche versuchen diesen Konflikt zu lösen, indem sie nach außen eine Maske von Souveränität und immer währender Kompetenz aufsetzen, obwohl in ihrem Inneren häufig massive Ängste und Gefühle von Überforderung vorherrschen. Diese Maske aufrechtzuerhalten ist, wie ein Doppelleben zu führen, in ständiger Angst vor Enttarnung. Man kann sich den Druck vorstellen, unter dem diese Menschen stehen. Manche greifen in ihrer Verzweiflung zu Alkohol, Kokain und anderen Aufputschmitteln, die jedoch immer nur kurzfristig helfen. Gleichzeitig bindet diese Schauspielerei enorm viel Energie, die nicht mehr in die Ausübung der Führungsaufgaben fließen kann, sondern zum Überleben in dieser Rolle gebraucht wird.

Heute wird immer deutlicher, dass es nicht alleine fachliche und kognitive Kompetenzen sind, die eine gute Führungskraft ausmachen. Oder wie es eine Kollegin drastisch formulierte: «Was nützt ein hoher IQ, wenn man ein emotionaler Trottel ist?»

Seit Daniel Goleman mit seinem Buch «EQ – Emotionale Intelligenz» einen weltweiten Bestseller gelandet hat, ist der Begriff in aller Munde. Dennoch ist emotionale Intelligenz nicht etwas grundlegend Neues. Nur wurde lange Zeit ihre Wichtigkeit unterschätzt; besonders im Berufsleben galten Gefühl und Intuition als störend und unprofessionell.

Bereits Aristoteles formulierte Thesen wie: «Es ist sinnvoll, das eigene Gefühlsleben mit Intelligenz zu steuern», «Unsere Leidenschaften (Emotionen) besitzen – richtig angewandt – Weisheit», oder: «Nicht unsere Emotionalität ist ein Problem – sondern der angemessene Umgang mit ihr.»

Um respektvolle und sich gegenseitig fördernde Beziehungen im beruflichen Umfeld aufbauen zu können, bedarf es der Fähigkeit, die eigenen und die Gefühle anderer Menschen zu erkennen und angemessen darauf zu reagieren. Auch das eigene, persönliche Wohlbefinden ist davon abhängig, dass es gelingt, Intellekt und Gefühl zu einem konstruktiven Team zu vereinen.

Eine aktuelle Studie des amerikanischen Kognitionsforschers Daniel Kahnemann belegt, dass Intuition dem logischen Denken meist überlegen ist, wenn es um das Erfassen komplexerer Zusammenhänge geht. Intuition, soziale Kompetenz und vernetztes Denken sind zu Erfolgsfaktoren im Beruf und im Privatleben geworden.

Goleman sagt: «Um erfolgreich zu sein, wenn nicht gar um zu überleben, täten die Unternehmen gut daran, ihre kollektive emotionale Intelligenz zu steigern.» Wir schließen uns dieser Meinung an.

Wenn Führung vor allem Menschenführung bedeutet, ist Lebenserfahrung ein Teil der notwendigen Qualifizierung, immer vorausgesetzt, man hat aus ihr gelernt. Aus diesem Grund sehen sich viele jugendliche Überflieger noch mit dem zusätzlichen Problem konfrontiert, dass die Mitarbeiter aufgrund des niedrigen Alters gewisse Zweifel an deren Glaubwürdigkeit haben. Fachwissen kann man sich relativ schnell aneignen, wirkliche Führungskompetenz ist ein langwieriger Entwicklungsprozess.

Wenn Lebenserfahrung tatsächlich ein wichtiger Aspekt von Führungskompetenz ist, fragt man sich, warum so viele Unternehmen es sich leisten können, keine Mitarbeiter über 50 Jahren mehr zu beschäftigen. Welch unglaubliche Vergeudung von Ressourcen! Natürlich lassen mit zunehmendem Alter manche Fähigkeiten nach, und die Jugend verfügt auch in der Regel über aktuelleres Fachwissen, aber das wird durch andere Fähigkeiten mehr als kompensiert. Vorausgesetzt, man platziert die «Alten» an der richtigen Stelle im Unternehmen und schickt sie nicht mit den «Jungen» in einen Ring, bei dem Spannkraft und Schnelligkeit die entscheidenden Tugenden sind. «Neue Besen kehren gut, aber die alten kennen die Ecken», sagt dazu der Unternehmer Klaus Steilmann.

Erstaunlicherweise spielt diese Tendenz nur in den allerhöchsten Etagen der Macht keine Rolle. Da tummeln sich die 50-, 60- und 70-Jährigen im Vorstand und im Aufsichtsrat. Vielleicht müssen sich die Herren – denn Damen gibt es dort in der Regel nicht – einfach mal festlegen, was denn nun gilt: Ist Erfahrung und Alter nun eine Qualität oder ein Misserfolgsfaktor für das Unternehmen? Sie sind diejenigen, die entscheiden.

Resümee Teil II

Die Welt, in der sich Unternehmen bewegen, wird immer komplexer. Will man stets alle Veränderungen in der wirtschaftlichen, sozialen und politischen Umgebung berücksichtigen, schafft das häufig Verunsicherung. Dies führt zu der Tendenz, ein komplexes Geschehen künstlich vereinfachen zu wollen, wieder eine lineare Beziehung zwischen Ursache und Wirkung herzustellen, um dadurch eine klare Orientierung für richtige und falsche Entscheidungen zu gewinnen.

Viele Entscheidungsträger wähnen sich auf der vermeintlich sicheren Seite, weil sie dem allgemeinen Mainstream in der Wirtschaft folgen, der häufig kurzfristige Erfolge zum Fetisch erklärt – und wenn alle es so machen, muss es doch richtig sein. George B. Shaw ist da anderer Meinung: «Die vernünftigen Menschen passen sich der Welt an; die unvernünftigen versuchen, sie zu verändern. Deshalb hängt aller Fortschritt von den Unvernünftigen ab.«

Unternehmen der Zukunft werden sowohl dem Bewusstseinswandel der Menschen als auch den rasanten äußeren Veränderungen Rechnung tragen müssen. Um die ständig steigende Komplexität der Welt bewältigen zu können, braucht es fühlende, fähige, leidenschaftliche Menschen, die über ihren eigenen Tellerrand hinausschauen können.

Die Innovationskraft der beteiligten Menschen wird überlebensnotwendig für jedes Unternehmen sein. Das Potenzial dazu ist in ausreichendem Maße vorhanden, es muss nur eingeladen und gefördert werden und in einer konstruktiven Unternehmenskultur einen Nährboden für nachhaltige Entwicklung finden.

Zukunftsgestaltung ist ein Gemeinschaftsprojekt zwischen Mensch und Unternehmen, bei der jede Seite das Fundament für die jeweils andere ist. Entwickelt sich nur eine Seite weiter, entsteht eine Spaltung, bei der die Kräfte gegeneinander wirken. Es entsteht dann eine gegenseitige Entwicklungshemmung, mit der Folge, dass Unternehmen auf Dauer menschlich und wirtschaftlich ausbluten.

Bei sinnvoll erfolgreichen Unternehmen sind innere und äußere Welt kompatibel und bereichern sich gegenseitig. Was Markt und Kunden und damit der wirtschaftliche Erfolg außen sind, sind Unternehmenskultur und damit das Engagement und die Verbundenheit der Mitarbeiter im Inneren. Klafft beides auseinander, verliert das Unternehmen sowohl bei seinen Kunden als auch bei seinen Mitarbeitern auf Dauer an Glaubwürdigkeit und Vertrauen.

Menschen erreicht man am ehesten bei ihren Werten und bei ihrem Bedürfnis, mit ihrer Tätigkeit einen sinnvollen Beitrag für attraktive gemeinsame Ziele zu leisten. Aber Sinn und Werte sind hochsensible Bereiche, für die vor allem die Mitarbeiter in Unternehmen sehr feine Antennen haben. Genauso wie gemeinsame Werte eine starke Verbundenheit schaffen, entsteht eine große Distanziertheit, wenn grundlegende Werte missachtet werden.

Ähnliches geschieht, wenn Menschen den Sinn von Unternehmensstrategien und Unternehmensentscheidungen, aber auch den Sinn ihrer eigenen Tätigkeit nicht mehr nachvollziehen können. Führungskräfte sind deshalb neben ihren alltäglichen Führungsaufgaben sowohl als «Sinnvermittler» als auch als Hüter einer konstruktiven Unternehmenskultur gefordert.

Sinn und Werte, die sich in Unternehmenskultur, Visionen und Missionen widerspiegeln, entfachen eine vielfältige Wirkung. Sie schließen besonderes Engagement in den Menschen auf, schaffen Verbundenheit und geben gleichzeitig sowohl Halt als auch eine klare Orientierung. Außerdem fördern sie die Motivation der Menschen, sich kontinuierlich weiterzuentwickeln.

Die Mitarbeiter mit ihrem Engagement für das Unternehmen zu gewinnen ist in erster Linie eine Frage der wertschätzenden Haltung. Wenn diese stimmig ist und vor allem auch in den Handlungen der Führungskräfte erkennbar wird, kann man viel im Inneren eines Unternehmens bewirken und damit sowohl die Unternehmenskultur als auch den wirtschaftlichen Erfolg positiv beeinflussen.

Am Anfang steht die Einsicht, dass es sich lohnt, in die Menschen zu investieren. «Wer kann sich das denn leisten?», fragt sich vielleicht der ein oder andere. Wer kann es sich leisten, auf Dauer darauf zu verzichten, wenn ihm das Wohl des Unternehmens am Herzen liegt? Menschen sind die entscheidenden Bodenschätze unserer Gesellschaft, wir haben keine anderen. Ohne die beteiligten Menschen im Inneren des Unternehmens mitzunehmen und aktiv einzubinden, läuft sich auf Dauer jede äußere Entwicklung tot.

Wir begegnen immer wieder Unternehmen, die diese Regeln für «sinnvollen Erfolg» beherzigen. Zugegeben, meistens sind es kleine und mittelständische Unternehmen, bei denen noch jeder jeden kennt. Sie haben es leichter als große Konzerne, weil es überschaubare Einheiten sind, wendigen Schiffen gleich.

Dagegen sind Konzerne wahre Ozeandampfer. Heute wird

das Ruder nach rechts eingeschlagen, und bevor in zwei Jahren dann die Wendung vollzogen ist, gibt es bereits die nächste Kurskorrektur. Kein Wunder, dass es von außen betrachtet so aussieht, als wüssten sie nicht, wohin. Aber auch Großkonzerne bestehen in der Regel aus kleineren Einheiten, in denen viel von dem hier Beschriebenen lebbar ist. Damit jedoch nicht jede dieser Einheiten ihr eigenes Süppchen kocht, sind gerade bei diesen Unternehmen gemeinsame Visionen, Werte und Leitbilder so wichtig.

Gibt es in einem Unternehmen oder auch in einem Team eine gemeinsame Wertgrundlage im Miteinander und eine klare Orientierung, sind Konflikte zwischen den Menschen keine Katastrophen mehr, sondern Ausdruck engagierten, verantwortungsbewussten Handelns. Dann entstehen gerade in der offenen Auseinandersetzung oft wichtige Impulse und Innovationen.

Dem Verhalten von Führungskräften aller Ebenen kommt dabei eine ganz entscheidende Bedeutung zu. Sie sind die Katalysatoren, die Entwicklung im Unternehmen maßgeblich fördern oder eben auch hemmen. Dies fordert von Führungskräften einen Blick für das Ganze, die Bereitschaft, verantwortlich mit ihrer Macht umzugehen, und ein hohes Maß an sozialer und emotionaler Kompetenz. Nur wer sich selber hinterfragen kann, hat auch die Fähigkeit, Themen in ihrer Vernetztheit zu erkennen und Verunsicherung aushalten zu können.

Für uns ist eine der Kernkompetenzen von Führung, konstruktiv mit innerlichen und äußeren Unsicherheiten umzugehen. Der Schlüssel dafür liegt in der Haltung und der Persönlichkeit der Führungskräfte, ein Faktor, der unserer Meinung nach in der Auswahl und in der Qualifizierung von Führungskräften immer noch vernachlässigt wird.

Teil III

Die Entwicklung von Führungskompetenzen

Wo sind eigentlich die Frauen geblieben?

Wenn emotionale und soziale Kompetenz wichtige Erfolgsfaktoren für Führung sind, stellt sich zwangläufig die Frage, warum es nach wie vor so wenige Frauen in gehobenen Führungspositionen gibt. Gelten doch Frauen tendenziell als das emotional intelligentere Geschlecht.

Kürzlich hatten wir eine Anfrage von einem großen, weltweit tätigen Konzern aus dem Produktionsgewerbe, der auf der Suche nach Coaches war, um Führungswechsel im Unternehmen professionell begleiten zu lassen. Auf unsere Nachfrage, ob auch Frauen davon betroffen seien, erhielten wir die Antwort: «Das ist bei uns kein Thema. Unter unseren 1640 obersten Führungskräften befindet sich nur eine Frau.»

Nun kann man mutmaßen, dass Frauen nur selten in technischen Berufen arbeiten. So eklatant ist es nun auch wieder nicht. Die Statistiken eines ebenso großen internationalen Dienstleistungsunternehmens sagen Folgendes: In diesem Unternehmen sind 51 % der Mitarbeiter und 35 % des Führungsnachwuchses weiblich. Unter den 1100 in der Hierarchie am höchsten stehenden Führungskräften befinden sich 36 Frauen, das entspricht einem Anteil von 3,24 %. Unter den Bereichs- und Konzernvorständen befindet sich gar keine Frau.

Liegt es vielleicht daran, dass die Frauen in diesem Unternehmen gar keine Karriere machen wollen? Untersuchungen zeigen, dass der weibliche Karrierenachwuchs gleichermaßen karriereorientiert und -motiviert ist. Zwei Drittel der Kinder erziehenden Frauen arbeiten nach einer – zumeist kurzen – Familienpause weiter. Da Männer in der Regel die Entscheider über den weiteren Karriereweg einer Frau sind, muss man sich ernsthaft fragen, ob das Frauenbild in den Führungsetagen der Macht nicht antiquiert ist.

Wenn an der Behauptung etwas dran ist, dass zunehmend «weibliche» Fähigkeiten wie Intuition, soziale und emotionale Kompetenz gebraucht werden, stellt sich die Frage, warum diese Fähigkeiten nicht abgerufen werden. Oder müssen Frauen diese auf dem Karrierealtar opfern, quasi bessere Männer werden, um die Männer in ihrer eigenen Domäne zu übertrumpfen? Eine Vielzahl der Aussagen von Frauen, die Karriere gemacht haben, spricht für diese These. Offensichtlich ist es nicht so leicht, sich als Frau im Unternehmenssystem weiterzuentwickeln.

Familienpause als Qualifizierungsprogramm

Das Leben bietet eine Vielzahl von Möglichkeiten, sich auch außerhalb des Unternehmens weiterzuentwickeln und sich Qualifikationen anzueignen, die im Berufsleben wichtige Ressourcen darstellen.

Wenn wir als Trainer oder Coaches mit Führungskräften am Thema Führungskompetenz arbeiten, fischen wir häufig in anderen Lebensbereichen, z. B. im Bereich Hobby, Sport oder Familie. Was hat den Menschen in seiner Lieblingssportart ausgezeichnet? War es sein Durchhaltevermögen, seine Willensstärke? Oder seine Gelassenheit, Konzentrationsfähigkeit, Teamfähigkeit? Vielleicht seine Schnelligkeit oder die Fähigkeit zu improvisieren? All das wären wichtige Ressourcen für die Wahrnehmung von Führungsaufgaben.

Häufig werden Erfahrungen außerhalb des Unternehmens jedoch nicht wertgeschätzt. Eine Situation, mit der viele Frauen konfrontiert sind, die für ein paar Jahre aus dem Beruf aussteigen, um sich Kindern und Familie zu widmen.

Für ihre Karriere gilt dies als verlorene Zeit, bei der die Frau sogar Gefahr läuft, den Anschluss an die aktuellen Entwicklungen in ihrem Beruf zu verpassen. Man kann es aber auch ganz anders sehen: als erstklassiges Qualifizierungsprogramm für die Führung von Menschen, als Weiterbildung, die das Unternehmen in der Regel wenig kostet.

Familienfrau zu sein bedeutet, das Chaos zu managen. Kaum ist das eine Kind beruhigt, fängt das andere zu schreien an. Schnelle Entscheidungen müssen getroffen, Arbeitsabläufe reibungslos organisiert werden, Durchsetzungsvermögen ist gefordert. Konflikte müssen gelöst und ein Ausgleich zwischen verschiedenen Interessen gefunden werden. Unvorhergesehene Ereignisse sind an der Tagesordnung, Planungen müssen über den Haufen geworfen werden. Viel ist wichtig und dringend, das eigene Wohlbefinden steht oft an letzter Stelle.

Klingt das nicht wie die typische Beschreibung des Alltags einer Führungskraft? Wenn es gelingt, diese Erfahrungen wertzuschätzen, aus ihnen zu lernen und sie in den beruflichen Arbeitsbereich zu übertragen, stehen unschätzbar kostbare Ressourcen zu Verfügung. Vielleicht würde dies auch dem ein oder anderen Mann die Entscheidung erleichtern, sich eine berufliche Auszeit zu nehmen und Kindern und Familie mehr Zeit zu widmen, wie dies zunehmend mehr Männer wünschen.

Vor allem für die immer mehr und schneller auf die Unternehmen zukommenden Entwicklungsprozesse scheinen Frauen in besonderem Maße geeignete Fähigkeiten mitzubringen. So behaupten einige Trendforscher wie die des Gottlieb Duttweiler Instituts für Trends und Zukunftsgestaltung, dass Frauen bisher auf die Anforderungen des ständigen Wandels und der steigenden Komplexität besser vorbereitet sind.

Frauen und Männer sind verschieden. Tendenziell denken, fühlen und handeln sie anders, da sich ihre Lebensrealitäten voneinander unterscheiden. Sie sprechen vielfach eine andere Sprache, Frauen eher beziehungsorientiert, Männer eher sachorientiert, was oft zu massiven Konflikten zwischen Mann und Frau führt. Zu diesem Thema gibt es mittlerweile eine Vielzahl von Fachbüchern. Jeder, der in einer Partnerschaft lebt, kann ein Lied davon singen.

Gemischtgeschlechtliche Teams sind häufig erfolgreicher. Voraussetzung dafür ist, die Verschiedenheit zwischen Mann und Frau ebenso zu kennen und wertzuschätzen wie Gemeinsamkeiten und Anknüpfungspunkte. Gelingt dies, so entstehen aus Reibungsverlusten Synergien, wird Verschiedenheit zur Bereicherung.

Frau bleiben und erfolgreich führen

Immer mehr Unternehmen erkennen, dass sie auf Dauer an diesem Thema nicht vorbeikommen, wenn sie für die Zukunft gerüstet sein wollen. Frauenförderung wird in manchen Unternehmen gar zur «Chefsache» erklärt, Mentoring-Programme für weibliche Nachwuchsführungskräfte werden aufgelegt. So gut diese Programme gemeint sind, muss man jedoch aufpassen, dass sie keinen defizitären Charakter bekommen nach dem Motto «die Frauen brauchen noch ein bisschen Nachhilfeunterricht». Entscheidend ist die Haltung, die Frauen in ihren Stärken fördern zu wollen.

Da die meisten leitenden Führungskräfte Männer sind, erleben Frauen überwiegend männliches Führungsverhalten als Rollenvorbild. Wird die weibliche Identität an der Garderobe abgelegt, wie wir dies bei vielen jungen karrierebewussten Frauen beobachten, schneiden sich Führungsfrauen von ihrer wichtigsten Ressource ab. Methoden wirken in erster Linie durch die Persönlichkeit (siehe auch Kapitel 17). Deswegen ist in diesem Zusammenhang die entscheidende Frage, wie man Frauen dabei unterstützen kann, Frau zu bleiben und trotzdem bzw. gerade deswegen erfolgreich zu führen.

Innerhalb eines etablierten Systems ist es schwer, grundlegende Veränderungen zu erzielen, zu sehr ist man oft in den Mechanismen gefangen. Deshalb ist es sinnvoll, Frauen zumindest kurzfristig aus dem System herauszuholen und z. B. Führungsseminare anzubieten, in denen Frauen unter sich sind. Neben der Vermittlung von Führungskompetenzen geht es dabei vor allem darum, sich mit weiblicher Identität in einer Welt von Männern und Frauen bewegen zu können, voneinander zu lernen und eigene Bilder von Führung zu entwickeln.

Der Bedarf nach Führungsseminaren für Frauen ist enorm groß. Frauenseminare, die wir über unseren Frauenschwerpunkt in Unternehmen anbieten, werden immer stark nachgefragt. Die Teilnehmerinnen erleben diese Seminare als wichtige Unterstützung, sich konstruktiv in dem Spannungsfeld zwischen der eigenen Identität als Frau und den eher dem männlichen Rollenprofil entsprechenden beruflichen Anforderungen bewegen zu können.

Die Tatsache, dass Unternehmen in Zukunft vermehrt auf weibliche Kompetenzen angewiesen sein werden, erfordert aber auch Entwicklungsschritte von Männern. Sich gelassen zurückzulehnen und diese notwendigen Fähigkeiten ausschließlich an Frauen zu delegieren verhindert ein konstruktives Zusammenwirken der Geschlechter, weil dadurch eine neue Spaltung entsteht. Ebenso wie Frauen so genannte männliche und weibliche Tugenden in sich zu einem kreativen Ganzen vereinen müssen, kommen auch Männer nicht drum herum, ihre «weiblichen» Seiten, wie Gefühle, Intuition, Fürsorge usw. zu entwickeln und diese als Bereicherung zu erleben.

Wenn Unternehmen Frauenförderung wirklich ernst meinen, reichen spezielle Fortbildungsmaßnahmen, Mentoringprogramme und die Unterstützung von Frauennetzwerken alleine noch nicht aus. Notwendig ist die grundsätzliche Anerkennung der Führungskompetenzen von Frauen im Unternehmen und in der Unternehmenskultur und das Setzen der entsprechenden Signale.

Dazu gehört auch, Modelle zu entwickeln, wie Frauen Familie und Beruf unter einen Hut bringen können, damit sie für ihre Karriere nicht ähnliche Opfer bringen müssen, wie dies viele männliche Führungskollegen selbstverständlich tun. So hat sich z. B. die Anzahl der Herzinfarkte bei Frauen in dem Maß vervielfacht, in dem Frauen sich für ihre berufliche Karriere engagieren.

Warum wird eigentlich so eisern an der Überzeugung festgehalten, dass Führung nur in einer 100-%-Stelle möglich ist? Und das noch in einem Umfang von 50 bis 60 Stunden pro Woche. Nur in den seltensten Fällen ist dies eine betriebliche Notwendigkeit. Von Hubert Ley stammt der Satz: «Wer länger als 40 Stunden arbeitet, ist ein fauler Hund.» Selbst Vorstände großer Konzerne können seiner Meinung nach in dieser Zeit alle notwendigen Aufgaben erledigen. In vielen anderen Bereichen ist die ganztägige Präsenz weder erforderlich, noch wird sie tatsächlich praktiziert. Der entscheidende Faktor ist nicht das Maß der Anwesenheit, sondern das Maß der Verantwortlichkeit und der tatsächlichen Arbeit, die in der entsprechenden Zeit erledigt wird.

Die Vorteile von Führung in Teilzeit, und damit meinen wir sowohl Frauen als auch Männer, liegen auf der Hand: Führungskräfte hätten bessere Möglichkeiten für ihre Regeneration, der Anteil von Arbeit und Freizeit wäre im Gleichgewicht, mit all den positiven Folgen für das Unternehmen, die wir bereits erwähnt haben. Dazu käme eine Vergrößerung des Blickwinkels, weil sie ihr Inseldasein, bei dem das Leben nahezu ausschließlich im Unternehmen stattfindet, aufgeben und wichtige Erfahrungen in anderen Lebensbereichen sammeln. Höheres Engagement und größere Motivation wären weitere positive Folgen für das Unternehmen, weil die Menschen nicht mehr den Spagat zwischen Karriere und Familie versuchen müssten.

Es gibt bereits eine Vielzahl von Modellen, mit denen Unternehmen die Vereinbarkeit von Beruf und Familie unterstützen können, z. B. durch Heimarbeitsplätze, betriebliche Kindergärten, Notkindergärten, wenn Betreuungspersonen kurzfristig ausfallen, die Einführung von Sabbatjahren und vieles mehr. Voraussetzung ist, dass Unternehmen erkennen, dass sie auf Dauer nur gewinnen können, wenn sie ihre weiblichen und männlichen Mitarbeiter bei der Vereinbarung von Familie und Beruf unterstützen.

Nicht jeder Vorgesetzte ist auch Führungskraft

Es führt kein Weg an der Erkenntnis vorbei, dass zu viele Menschen, die Führungspositionen besetzen, für die Führung von Mitarbeitern nicht geeignet sind. Solange man sich im Unternehmen diesem Thema nicht stellt, und daraus die entsprechenden Konsequenzen zieht, ergibt es wenig Sinn, sich damit zu beschäftigen, wie man Menschen auf Führungsaufgaben vorbereiten und bei der Ausübung der Rolle unterstützen kann.

In den Führungsleitlinien eines großen internationalen Konzerns steht: «Unsere Mitarbeiter erwarten glaubwürdige Führung. Daher bedeutet Führung nicht Status, sondern Qualifikation, nicht Zuständigkeit oder Anspruch, sondern Verantwortung. Wer Führungsaufgaben wahrnimmt, muss seine Mitarbeiter als persönliches und fachliches Vorbild überzeugen. Die Qualität der Mitarbeiterführung hat bei Vorgesetzten den gleichen Stellenwert wie die fachliche Qualifikation.»

Der Begriff Führungskraft stammt von Führen, Orientierung geben. Zu einer guten Führungskraft gehört, dass sie sowohl ein klares Ziel vor Augen hat als auch die Menschen, die ihr anvertraut sind, mit einbezieht und für einen gemeinsamen Weg gewinnt. Statt durch Ausübung von Macht die Mitarbeiter anzutreiben, folgen diese aus freien Stücken, weil sie Vertrauen in ihre Kompetenz und ihre Integrität haben.

Die dafür notwendige Autorität kann man nicht kaufen,

nicht erben, niemand kann sie – im Gegensatz zur Macht – verleihen. Sie erwächst Führungskräften aus der Bewertung und Akzeptanz der Menschen, die sich ihr freiwillig anschließen und anvertrauen. So betrachtet ist das Maß an Autorität ein erstklassiges Feedbackinstrument, mit dem die Mitarbeiter die Führungskompetenz ihres Vorgesetzten bewerten.

Autorität ist immer auch an Macht und Einfluss gekoppelt. Umgekehrt muss das aber nicht zwingend so sein. Autorität fällt nicht zwingend demjenigen zu, dem Macht und Einfluss qua Position verliehen wurde. Leider gibt es immer noch zu viele «Vorgesetzte» und zu wenig Führungskräfte.

Natürlich kann ein Unternehmen seinen Mitarbeitern jemanden «vorsetzen» und mit Macht ausstatten. Aufgrund dieser Machtfülle, der disziplinarischen Entscheidungsgewalt, ist dessen Wort Folge zu leisten. Und wenn diese Macht sehr massiv eingesetzt wird, werden die Mitarbeiter bis zu einem bestimmten Grad auch spuren. Aber das alleine macht noch keine gute Führungskraft aus. Viele Vorgesetzte werden von ihren Mitarbeitern innerlich tagtäglich abgewählt. Man lässt sie machen, lässt sich selber nichts zuschulden kommen, macht Dienst nach Vorschrift.

Autorität ist immer auch ein Vertrauensvorschuss der Mitarbeiter in die Zukunft, da sie aus gemeinsamen Erfahrungen in der Vergangenheit von der Glaubwürdigkeit der Führungskraft überzeugt sind. Aber Autorität ist auch vergänglich. Man kann sie nicht verwalten wie das Geld auf einem Sparbuch, indem man sich zurücklehnt und die fälligen Zinsen einstreicht. Autorität muss man sich tagtäglich aufs Neue verdienen, insofern ist sie immer auch die Vergabe von Führung auf Zeit.

Signifikante Merkmale einer positiven Autorität sind – nach unserer Meinung – die folgenden:

→ stabile Wertorientierung,
→ Interesse an Menschen,
→ Glaubwürdigkeit,
→ Geduld,
→ Toleranz,
→ Gerechtigkeitssinn,
→ Phantasie,
→ Optimismus,
→ ein stimmiges Selbstwertgefühl,
→ Zielorientierung
→ und letztlich der Wille zur Führung.

In den meisten Auswahlverfahren für Führungskräfte werden Kriterien wie diese leider nicht ausreichend berücksichtigt, da Führung in vielen Unternehmen vor allem einen instrumentellen Charakter hat. Dies führt dazu, dass viele Führungskräfte in ihrer Rolle überfordert sind.

Der Aufstieg in die Inkompetenz

Um dieses Thema genauer zu betrachten, ist es hilfreich, zwischen Fach- und Führungskompetenz zu unterscheiden, wie das zunehmend mehr Unternehmen tun. Ein Fachvorgesetzter ist jemand, der anderen gegenüber einen Wissens- und Erfahrungsvorsprung hat. Er verfügt in hohem Maße über bereichsspezifische Kompetenzen, Methoden- und Fachkenntnisse sowie Produktgruppen- und Prozesskenntnisse. Bei schwierigen Sachverhalten oder Entscheidungen können die Mitarbeiter ihn um seinen Rat fragen, oder er kann sie in ihrer fachlichen Entwicklung unterstützen. Die letzte fachliche Entscheidung liegt bei ihm.

Gute Fachvorgesetzte sind unverzichtbar für den Erfolg jedes Unternehmens.

Mit dem Erklimmen der Karriereleiter ist in der Regel eine größere Personalverantwortung verbunden. Dies hat zur Folge, dass sich das Verhältnis von notwendiger Fachkompetenz zu erforderlicher Führungskompetenz immer mehr in Richtung Führungskompetenz verlagert. Die Leistung einer Führungskraft besteht dann nicht so sehr aus dem Einbringen von Fachwissen, sondern zum großen Teil aus der Fähigkeit, Menschen zu führen.

Problematisch wird es, wenn jemand, der hohe Fachkompetenz hat, eine Führungsrolle ausfüllen soll, ohne die entsprechenden Führungskompetenzen zu besitzen. Eine Situation, die wir in Unternehmen immer wieder erleben. Unserer Meinung nach liegt dies vor allem daran, dass Führungskräfte als «die wertvolleren Menschen» gelten und sich häufig auch so erleben. Das Aufsteigen in immer höhere Führungsverantwortung kommt für viele Menschen einem Adelsprädikat gleich.

Eine erfolgreiche Karriere ist gekennzeichnet von einem kontinuierlichen Aufstieg. Ein so genannter Karriereknick ist wie eine Krankheit, die einem den einen oder anderen mitleidigen Blick einbringt. Für viele Menschen ist die eigene Karriere die entscheidende Motivation, sich so richtig in die Arbeit reinzuhängen. Unternehmen fördern diesen Drang, um motivierte und leistungsstarke Mitarbeiter zu selektieren und an sich zu binden. Dieser Mechanismus führt häufig zu dem so genannten Peter-Prinzip, bei dem Führungskräfte bis in den Bereich ihrer Inkompetenz befördert werden.

Ganz deutlich erleben wir dies in sehr schnell wachsenden neuen Unternehmen, die sehr junge, hoch kompetente Mitarbeiter haben. Sie sind fachlich so brillant, dass die Headhunter Schlange stehen. Um sie an das Unternehmen zu binden, werden sie in der Hierarchie nach oben durchgereicht. Wenn einer von ihnen nicht ein natürliches Talent für Führung mitbringt, ist er schnell verloren. Da hilft auch kein Crash-Kurs in Führungstechniken.

Hier sind Unternehmen gefordert, klare Zeichen zu setzen und deutlich zu machen, dass der Wert eines Menschen innerhalb des Unternehmens nicht von seiner Position in der Hierarchie abhängt. Gleichzeitig ist das Unternehmen in seiner Fürsorgepflicht gefordert, die Menschen im Unternehmen ihren Fähigkeiten entsprechend optimal zu platzieren und die Entwicklung von Führungskompetenz aktiv zu unterstützen, statt den Führungsnachwuchs ins kalte Wasser zu werfen.

Wir machen immer wieder die spannende Erfahrung, dass Führungskräfte, die diesen Mechanismus bei sich erkannt haben, innehalten und manchmal sogar die ein oder andere Stufe auf der Karriereleiter zurückgehen. Und das mit einem Gefühl, einen großen Schritt in ihrem Leben nach vorne gegangen zu sein. Sie haben erkannt, dass es für sie nicht darum geht, die höchstmögliche Sprosse der Karriereleiter zu erklimmen, sondern die stimmige, auf der sie sich wohl fühlen und gleichzeitig am meisten bewirken können.

Misst man die Leistung eines Menschen für das Unternehmen nicht an der Position in der notwendigen Hierarchie, sondern daran, welches Engagement er für das Gesamte leistet, könnte man sich viele Spielchen und Balzrituale schenken. Die Währung dafür ist Respekt und Wertschätzung.

Führung braucht stimmige Rahmenbedingungen

Um die Führungskultur im Unternehmen nachhaltig positiv zu verändern, reicht es nicht aus, die ein oder andere isolierte Maßname durchzuführen, weil ihre Wirkung sofort an die Grenzen des Systems stößt und dort verpufft. Vielmehr ist ein in sich schlüssiges Gesamtkonzept notwendig, in dem die einzelnen Faktoren in ihrer Vernetzung gesehen werden und das auf dem Fundament stimmiger Rahmenbedingungen aufbaut.

Die Einsicht, dass es sich lohnt, in die Entwicklung einer konstruktiven Führungskultur und in die Steigerung der Führungskompetenzen im Unternehmen zu investieren, existiert schon seit vielen Jahren. Fast jedes Unternehmen verfügt über ambitionierte Unternehmens- und Führungsleitlinien. Aber was nützen die tollsten Führungsleitlinien, wenn viele Führungskräfte sie gar nicht kennen oder diejenigen, die sie entwickelt haben, sich in ihrem Verhalten nicht daran orientieren?

Der Schlüssel für die nachhaltige Entwicklung von Führungskultur liegt beim Top-Management. Gebraucht wird eine klare Grundsatzentscheidung der Unternehmensleitung, die zielstrebig mit allen Konsequenzen umgesetzt wird. Aber nicht nur das, die Führungsspitze muss dies auch durch eigenes Verhalten glaubwürdig vorleben. Nur dann ist erkennbar, dass man es wirklich ernst meint. Stellt man sich dort z.B. außerhalb der Führungsleitlinien nach dem Motto «Für uns gelten keine Gesetze mehr», kann man dies auch nicht von den Mitarbeitern verlangen. «Führung muss gewollt sein», sagte Alfred Herrhausen, das Top-Management gibt durch sein eigenes Verhalten die Richtung vor. Das gilt auch für die Weiterbildung von Führungskräften.

In einem Unternehmen der Computerbrache wurde ein

Führungskräfteentwicklungsprogramm gestartet, an dem alle leitenden Führungskräfte teilnahmen, außer dem Vorstand. Am Ende des ersten Seminars wurden dem Vorstandsvorsitzenden von der versammelten Gruppe die Ergebnisse präsentiert. Die Führungskräfte waren stolz auf das, was sie in den drei Tagen erarbeitet hatten, dem Vorstandsvorsitzenden und Gründer des Unternehmens reichten fünf Minuten, um daraus mit ein paar markigen Sätzen Makulatur zu machen.

Wir wurden ein Jahr später angefragt, ob wir nicht ein Training mit den Führungskräften machen könnten, sozusagen einen zweiten Versuch. Nachdem wir von der Vorgeschichte erfahren hatten, bestanden wir darauf, dass der gesamte Vorstand mit einbezogen wird, weil uns klar war, es wird keine weitere Chance geben, die Führungskräfte zu erreichen, wenn dieses Seminar wieder in den Sand gesetzt wird. Das Training hat nie stattgefunden.

Es ist ein sehr verbreitetes Phänomen, dass Qualifizierungsmaßnahmen für Führungskräfte häufig ein oder zwei Ebenen unterhalb der Entscheidungsebene beginnen. Die Botschaft ist: «Wir haben es geschafft, wir haben es nicht mehr nötig.» Oder wenn man doch eine Weiterbildung macht, dann in aller Heimlichkeit, als würde man einen Heiligenschein verlieren, wenn man ab einer bestimmten Hierarchieebene erkennbar an der Weiterentwicklung der eigenen Persönlichkeit und Kompetenz arbeitet.

Bei einem großen Automobilzulieferer wurde der neue Vorstandsvorsitzende gefragt, wie er es denn geschafft habe, sich in so jungen Jahren für diese Position zu qualifizieren. Seine Antwort war: «Ich haben viele Jahre im Coaching an mir gearbeitet.» Dieses Statement hatte durchschlagende Wirkung im Unternehmen. Plötzlich war Coaching nicht mehr Nachhilfeunterricht für Verlierer, kein Zeichen von Schwäche, sondern ein Ausdruck von Stärke.

Mit der Weiterbildung und Schulung von Führungskräften alleine ist es jedoch nicht getan. Solange gute oder auch schlechte Führung keine spürbaren Konsequenzen für die Führungskräfte hat, sind die Veränderungsanreize, die eigene Führungskompetenz weiterzuentwickeln, zu gering. Deswegen muss es gleichzeitig geeignete Instrumente für die Beurteilung von Führungskompetenz, die Auswahl von Führungskräften und nicht zuletzt für die Leistungsvergütung geben.

Zunehmend mehr Unternehmen nutzen die Möglichkeit, ihre Führungskräfte von den besten «Fachleuten» beurteilen zu lassen, den eigenen Mitarbeitern. Zum Teil geschieht dies über Fragebogen zu Führungskompetenz, zum Teil in moderierten Gesprächen. Im 360-Grad-Feedback werden zudem noch Kollegen und Vorgesetzte einbezogen. Dennoch gibt es immer noch viele Unternehmen, die auf die Beurteilung der Führungskompetenzen ihrer Führungskräfte verzichten oder aber die Führungskräfte entscheiden lassen, ob sie dies wollen oder nicht.

Dieses Vorgehen, dass wer nicht will, sich nicht beurteilen lassen muss, halten wir für falsch. Die oftmals vorgeschobene Angst, dass Mitarbeiter die Situation ausnutzen könnten und dem Vorgesetzten nur «eins auswischen» wollen, widerspricht dem Vertrauensgrundsatz einer offenen und respektvollen Unternehmenskultur. Außerdem wird ja auch den Mitarbeitern die Angst zugemutet, dass ihr Vorgesetzter ihnen bei der Mitarbeiterbeurteilung «ans Leder will». Warum sollten die Ängste von Führungskräften einen höheren Stellenwert haben als die der Mitarbeiter?

Unserer Meinung nach müsste jeder Mitarbeiter das Recht

haben, seine Vorgesetzten, und zwar bis zur obersten Ebene, sanktionsfrei an den Führungsleitbildern und Leitlinien des Unternehmens messen zu dürfen. Eine Unternehmensleitung, die ihre Mitarbeiter dazu auffordert, setzt ein klares Zeichen. Existiert in dem Unternehmen ein Klima, das Entwicklung honoriert, sind diese Rückmeldungen zudem kostbare Hinweise und Informationen für die Weiterentwicklung der eigenen Führungskompetenz.

Nimmt man Führung wirklich ernst, darf das betriebswirtschaftliche Ergebnis aber auch nicht das einzige Kriterium sein, an dem sich leistungsgerechte Bezahlung orientiert. Die Förderung der Menschen selbst ist für die Zukunft des Unternehmens mindestens genauso wichtig.

Hohe Vergütungen werden oft damit gerechtfertigt, dass derjenige ja auch eine hohe Verantwortung trägt. Wenn das stimmt, gehört dazu auch die Verantwortung für die anvertrauten Menschen. Eine Gruppe, die streng hierarchisch über den Faktor Angst geführt wird, kann u. U. vom mittelfristigen wirtschaftlichen Ergebnis her genauso gut oder sogar besser abschneiden als eine Gruppe, die über Motivation und Förderung der Mitarbeiter zum Erfolg kommt. Die Unterschiede zeigen sich dann allerdings langfristig und schleichend. Deshalb ist es sinnvoll, dass ein Teil der Vergütung sich ausdrücklich an der Qualität der Mitarbeiterführung orientiert.

Die Rolle als Führungskraft ist kein Besitzstand. Letztlich entfaltet und erweist sich Führungskompetenz immer in der Praxis. Warum also nicht Führungsaufgaben quasi auf Zeit vergeben? Vor allem für Führungsnachwuchskräfte wäre dies ein hervorragendes Lern- und Erprobungsfeld. Sie hätten in diesem Rahmen die Gelegenheit, durch möglichst kurze, reversible Feedbackschleifen mit den «Geführten» ihren Führungsstil, ihre Führungsqualitäten und Führungsdefizite ständig zu verändern, zu verbessern und auch selbst in Frage stellen zu können. Begleitend dazu könnte man Coaching und Weiterbildungsmöglichkeiten anbieten. Spätestens nach einem Jahr sollte sowohl für die «Junior-Führungskraft» als auch für das Unternehmen erkennbar sein, ob der- oder diejenige für Führungsaufgaben geeignet ist.

Da Führung keine starre Rolle ist, sondern die unterschiedlichsten Aufgaben umfasst, ist die Lernfähigkeit und die Bereitschaft zur kontinuierlichen Weiterentwicklung ein ganz entscheidendes Kriterium für die Eignung als Führungskraft.

Burkhard Höhne

Führung aus der Sicht einer Führungskraft

Für mich ist die Verantwortung einer Führungskraft vergleichbar mit der eines Kapitäns auf einem Segelschiff. Der Kapitän hat dafür zu sorgen, dass sein Schiff schnell und sicher den Zielhafen erreicht. Auf rauer See muss er trotz häufig wechselnder Witterungs- und Windverhältnisse immer den richtigen Kurs halten und dabei viele Klippen und Hindernisse umschiffen. Der Kino-Hit «Titanic» wäre nicht entstanden, hätte der Kapitän damals einen Eisberg rechtzeitig erkannt. Aber auch die Stimmung und Zufriedenheit der Besatzung ist von elementarer Bedeutung, damit die Reise im Zielhafen nicht als «Meuterei auf der Bounty» endet.

Bezogen auf die Verantwortung als Führungskraft in unserem Unternehmen, gibt es viele Parallelen. Es gilt seinen Bereich so zu führen, dass die geschäftliche Zielvorgabe im Sinne der Aktionärs- und Kundenzufriedenheit erreicht wird. Auch muss sich die Führungskraft auf die permanent ändernden internen Strukturen und Stimmungslagen einstellen, im schlimmsten Fall auch mal Versuche moderner Piraterie abwehren. In der Praxis bedeutet dies für die Führungskraft oftmals eine Gratwanderung, denn die Erwartungen von Aktionären, internen und externen Kunden und die berechtigten Interessen der Mitarbeiter haben nur selten einen gemeinsamen Nenner.

Die weiteren Ausführungen beleuchten weniger die oftmals nicht beeinflussbaren «Witterungsverhältnisse», sondern vielmehr die Beziehung zwischen Vorgesetztem und seiner «Besatzung». Vergleichbar mit dem Kapitän und seinen Seemännern auf dem Segelschiff müssen Vorgesetzte und Mitarbeiter eng zusammenarbeiten. Jeder Handgriff muss sitzen. Ohne eine funktionierende Besatzung wird weder das Schiff seinen Zielhafen erreichen, noch werden geschäftliche Ziele erreicht. In der immer komplexer werdenden Arbeitswelt mit sich immer schneller ändernden Rahmenbedingungen muss sich die Führungskraft von ihrem Anspruch vergangener Tage verabschieden, auf alle Fragen seines Dienstleistungsfeldes antworten und die Anforderungen und Kundenwünsche selbst befriedigen zu können.

Zudem wollen die Mitarbeiter heute mehr und mehr eigene Ideen einbringen, also Einfluss auf den Kurs nehmen. Sie wollen mitdenken, mitgestalten und Verantwortung übernehmen. Was zunächst nach moderner Meuterei klingt, ist äußerst positiv zu beurteilen. Sofern von der Führungskraft gecoacht und gesteuert, ist gewährleistet, dass Leistungen effizient, zielkonform und zum Nutzen der Aktionärs- und Kundenzufriedenheit erbracht werden (Qualitätsmanagement).

Aufgrund der zunehmenden Verflechtung der Prozesse zwischen Vorgesetztem und Mitarbeitern und dem Bewusstsein, dass ohne Zusammenwirkung aller im Sinne eines «Teamworks» die gemeinsamen Ziele nicht erreicht werden können, sollte sich der Vorgesetzte heute dementsprechend als «Teamleader» verstehen.

Anstelle hierarchischer Vorgaben vergangener Zeiten, als der Vorgesetzte zum «Was» auch noch den entsprechenden Lösungsweg, also das «Wie» vorgab, ist es heute mehr denn je Aufgabe des Teamleaders, eine Optimierung in Form von Zielen (das «Was») vorzugeben und die Umsetzung der optimalen Lösung (das «Wie») von seinem Team einzufordern, d.h. entwickeln und umsetzen zu lassen.

Das gilt auch für Problemlösungsprozesse. Während in früheren Zeiten Probleme an den Vorgesetzten hochdelegiert wurden, nach dem Motto «Boss, was ist nun zu tun?», und dieser hierdurch wiederum seiner Autorität und Hierarchiestellung Ausdruck verleihen konnte, sollte es heutzutage zunächst Aufgabe des Mitarbeiters sein, Lösungswege selbst zu erarbeiten und anschließend mit dem Vorgesetzten abzustimmen.

Diese vom Teamleader eingeforderte, verstärkte Eigenverantwortlichkeit für Prozessgestaltung und Ergebnis deckt sich insoweit auch mit dem beschriebenen verstärkten Anspruch seitens des Teammitgliedes auf Mitgestaltung und Verantwortungsübernahme. Die Führungskraft übernimmt diesbezüglich die Verantwortung im Sinne des «Forderns und Förderns». Auch im Bezug auf Weiterqualifizierung ist der Teamleader mehr in der Coach- bzw. Beraterrolle zu sehen. Die Initiative mit Blick auf die eigene Karriere und zu planenden Entwicklungsmaßnahmen geht auch hier mehr und mehr vom Mitarbeiter selbst aus, auch wenn ich dies nicht grundsätzlich als Einbahnstraße sehe, sondern als beidseitige Aufgabe.

In puncto Teamwork werden Mitarbeiter insbesondere dann motiviert an den gemeinsamen Zielen und Aufgaben mitarbeiten, wenn das Arbeitsumfeld stimmt und die Atmosphäre positiv ist. Auch hier sehe ich eine Verantwortung seitens der Führungskraft. Neben der adäquaten Einrichtung des Arbeitsplatzes, also der Hardware, wie z.B.

Arbeitsmittel, EDV, sind m.E. die atmosphärischen «Softfacts» von viel entscheidenderer Bedeutung.

Hiermit meine ich die Bereitschaft des Teamleaders

→ jeden in seinem Team so zu akzeptieren, wie er ist (Äußeres, Querdenker),

→ Feedback und Verbesserungsvorschläge aus dem Team zu akzeptieren und auf Umsetzbarkeit zu prüfen,

→ stets offen, ehrlich und aktuell zu informieren,

→ eine angemessene Vergütung unter Berücksichtigung von Verantwortung und Kompetenz zu veranlassen,

→ jedem im Team Freiraum für die individuelle Gestaltung seines Arbeitsplatzes zu geben,

→ auf individuelle Wünsche des Mitarbeiters Rücksicht zu nehmen, wo immer dies im Rahmen seiner Möglichkeiten realisierbar ist.

Abschließend möchte ich nicht verhehlen, dass die oben beschriebenen Gedanken nicht immer auch Erfahrungen aus der Praxis sind. Ich würde mir jedoch wünschen, diese – rein persönlichen Ansätze – öfter beobachten zu können. Jedoch wird dieser nur ansatzweise dargestellte Führungsstil, den man mit «Lange Leine» umschreiben könnte, nur dann erfolgreich sein, wenn die «Besatzung» bereit ist, selbstinitiativ, eigenverantwortlich und innovativ an der Gestaltung ihrer Arbeitsumgebung mitzuarbeiten.

Die Führungskraft als Entwicklungshelfer

Die Anforderungen an Unternehmer und Führungskräfte aller Ebenen haben sich in den letzten Jahren grundlegend gewandelt. Der Wettbewerb wird durch die Globalisierung immer härter, Marktnischen, in denen sich Unternehmen ausruhen können, fallen zunehmend weg. Heute ist es Unternehmen möglich, in wenigen Jahren zum Weltmarktführer aufzusteigen und noch schneller wieder von der Landkarte zu verschwinden. Die Entwicklungsgeschwindigkeit im Unternehmen nimmt kontinuierlich zu, Wissen veraltet zunehmend schneller, die Werte der Menschen haben sich verändert, um nur einige Punkte zu nennen.

Die einzelnen Parameter, die über den Erfolg des Unternehmens entscheiden, lassen sich nicht länger nach dem Ursache-und-Wirkungs-Prinzip linear kontrollieren, da sie untereinander zu sehr vernetzt sind. Die Zeiten, da man auf Knopf A drücken konnte und sicher war, dass dann B passiert, sind vorbei. Dies führt zu einer großen Verunsicherung in vielen Unternehmen, speziell bei den Menschen, die aufgrund ihrer Position grundlegende Entscheidungen treffen müssen. Da die Zukunft immer unberechenbarer wird, ist eine hohe Flexibilität und Lernfähigkeit sowohl der einzelnen Menschen als auch des Unternehmens als Ganzes erforderlich.

Dadurch verändern sich auch die Anforderungen an die Führungskräfte im Unternehmen. Es wird eine der wesentlichen Kernaufgaben sein, die Entwicklungsgeschwindigkeit im Unternehmen zu erhöhen, das Sicherheitsbedürfnis der Mitarbeiter durch eine konstruktive Unternehmenskultur zu befriedigen und eine klare gemeinsame Orientierung zu ermöglichen.

Früher war es wichtig, als Führungskraft oder Unternehmer wie ein Leithammel vorneweg zu laufen und gleichzeitig, wenn nötig, wie ein Fels in der Brandung zu stehen. In der heutigen Zeit reicht das nicht mehr aus, da die Begrenzungen der einzelnen Führungskraft ein zu großes Hemmnis sind. Isolierte Entscheidungen und Problemlösungen werden den Anforderungen nicht mehr gerecht, es gilt, Synergieeffekte zwischen allen Beteiligten herzustellen. Dem autoritären Führungsstil wird dadurch zunehmend der Nährboden entzogen. Führungskräfte müssen lernen, ihre Mitarbeiter mehr in den Vordergrund zu stellen und sich selber stärker zurückzunehmen. Schon der chinesische Philosoph Laotse predigte die Erkenntnis: «Wer Menschen führen will, muss hinter ihnen gehen.»

Für viele Führungskräfte stellt dies eine starke Bedrohung dar. «Suchen Sie», beauftragt der Finanzchef eines Unternehmens seinen Assistenten, «im ganzen Unternehmen nach einem jungen, dynamischen, karriereorientierten Mitarbeiter, der alle Qualitäten dafür besitzt, meinen Job zu machen ... und schmeißen Sie ihn dann raus!» Was dieser alte Witz beschreibt, ist die oft mit Macht verbundene Angst, ebendiese zu verlieren.

Noch immer versuchen viele Vorgesetzte, ihre Mitarbeiter klein zu halten, um sich nicht die eigene Konkurrenz heranzuzüchten oder den Mitarbeiter, der sich als besonders tüchtig erweist, an eine andere Abteilung zu verlieren. Die Angst vor Machtverlust ist jedoch nicht ganz unberechtigt, verlangt der Wandel doch Fähigkeiten, über welche die Führungskraft nicht notwendigerweise verfügt.

Gute Gründe, Altes loszulassen

Dass eine hohe Teamkompetenz der Führungskräfte ein wichtiger Erfolgsfaktor für das Unternehmen ist, wird allgemein anerkannt, weil sie die Grundvoraussetzung ist, andere Menschen mit ihrem Engagement einzubeziehen. Im Anforderungsprofil fast jeder Stellenausschreibung für Führungskräfte wird deshalb darauf hingewiesen, dass ein «Teamplayer» gesucht wird. Es liegt daher nahe zu vermuten, dass damit Teamkompetenz zu einem Erfolgsfaktor für die Karriere als Führungskraft geworden ist. So weit die Theorie. In der Praxis sieht es jedoch häufig anders aus.

Manche Trainerkollegen, die bei Topmanagern die tatsächlichen Erfolgsfaktoren für deren Karriereweg herausfiltern, behaupten genau das Gegenteil: Teamplayer zu sein sei eher hinderlich für die eigene Karriere, weil die eigene Leistung nicht im Vordergrund steht. Wer sein eigenes Licht unter den Scheffel der Teamleistung stellt, läuft Gefahr, ein Schattendasein zu führen, bei der nächsten Beförderung übersehen zu werden. Gleichzeitig werden erfolgreiche Teams nur ungern auseinander gerissen, d. h., die Führungskraft bleibt möglicherweise in ihrem Team hängen, statt einen weiteren Karriereschritt zu machen.

Aber auch der Faktor Geld ist nicht zu unterschätzen. Wo sich Leistungstransparenz und Leistungsbezahlung bedingen, wird es für viele Vorgesetzte schwierig, den Erfolg mit ihrem Team zu teilen. In vielen Bezahlungs- und Bonifikationssystemen, bei denen die Verteilungskämpfe durch Belohnung mit

Geld offen unterstützt und gefördert werden, werden Hinderungsgründe für eine wirkliche Teamkultur zementiert.

Dazu kommt der mögliche Statusverlust, der für die Führungskraft besonders dann bedrohlich ist, wenn sie ihr Selbstwertgefühl und damit auch ihre Identität damit verknüpft hat. Hierbei entstehen eine ganze Menge persönlicher, ja manchmal auch moralischer Dilemmata zwischen «Was ist gut für mich?», «Was ist gut für das Unternehmen?» und «Was ist gut für das Team?». Die Beantwortung dieser drei Fragen ist zumindest mittel- und langfristig eng miteinander verknüpft.

Statt der tolle Hecht im Karpfenteich zu sein, wird plötzlich von Führungskräften verlangt, Partner in einem Team zu werden, wenn auch in einer besonderen Rolle. Statt zu herrschen, sollen sie plötzlich einem Team dienen, indem sie ihre Mitarbeiter befähigen, ihre Kompetenz optimal einzubringen. Warum sollten Führungskräfte das tun, verlieren sie damit nicht all das, was ihnen vorher wichtig war?

Dafür gibt es auf Dauer nur einen einzigen triftigen Grund: sich in den Dienst einer größeren Sache zu stellen, die so attraktiv ist, dass es sich lohnt, dafür über den eigenen Egoismus hinauszugehen, der in jedem Menschen angelegt ist. Führungskräfte der Zukunft müssen für sich eine konstruktive Verbindung von Sinn und Erfolg ihrer Tätigkeit herstellen können, weil es auf Dauer die einzige Möglichkeit ist, aus diesem Dilemma auszusteigen.

Die eigene Karriere ist Ausdruck davon, beruflich erfolgreich zu sein, und stärkt dadurch das Selbstbewusstsein der Führungskraft und das Vertrauen in die eigene Kompetenz. Gleichzeitig vergrößert der Aufstieg in der Hierarchie die Möglichkeit, prägend Einfluss zu nehmen, ein wesentlicher Erfolgsfaktor für gute Führung. Ein gesundes Maß an beruflichem Ehrgeiz ist für den Erfolg jedes Unternehmens unverzichtbar. Unternehmen brauchen Menschen, die Lust darauf haben, Karriere als Führungskräfte zu machen.

Die entscheidende Frage ist, welche Beweggründe dem eigenen Karrierestreben zugrunde liegen. Denn für Teamfähigkeit ist sowohl die Bereitschaft als auch die Fähigkeit essenziell, das Eigenwohl in ausreichendem Maße dem Gemeinwohl unterordnen zu können. Ein Mensch, der den Sinn seines Lebens vor allem darin sieht, möglichst viel Geld, Macht und Status anzuhäufen, kann dies nicht. Ein Mensch, der hingegen sein Potenzial ausschöpfen will, mit seiner Arbeit und seinem Engagement auch etwas Positives für die Allgemeinheit bewirken will, tut sich damit wesentlich leichter. Vor allem, wenn er in einem Unternehmen tätig ist, das eine ähnliche Richtung verfolgt. Seine Motivation wäre dann: «Wie kann ich mit meiner Arbeit am meisten bewirken?», statt «Wie erwerbe ich am schnellsten Geld, Macht und Status?»

Von der Führungskraft verlangt dies neben dem Erfolgsstreben völlig neue Tugenden, wie z.B. die Fähigkeit zu dienen, Bescheidenheit, ja manchmal auch Demut, Begriffe, die manche Menschen in Führungspositionen fürchten wie der Teufel das Weihwasser.

Das Bindeglied zwischen Unternehmen, Führungskraft und Mitarbeitern ist dann vor allem das gemeinsame Streben nach sinnvollem Erfolg. In diesem Fall wäre die Führungskraft in der Position eines «Sinnbeauftragten», verantwortlich dafür, ihren eigenen Sinn zu klären, Sinn im Unternehmen einzufordern und den Mitarbeitern den Sinn ihrer Tätigkeit nahe zu bringen. Und gleichzeitig wie bisher natürlich auch noch «Erfolgsbeauftragter» im Unternehmen zu sein.

Die Neudefinition der Führungsrolle

Im Idealfall sind Unternehmen, Führungskräfte und Mitarbeiter in einem kontinuierlichen Entwicklungsprozess, der parallel mit der Entwicklung von Gesellschaft und Markt verläuft, oder ihr sogar ein Stück voraus ist. Es entsteht eine Lernkultur, bei der es vor allem darum geht, sich immer wieder sehr schnell auf die sich verändernden Bedingungen einstellen zu können und an diesen zu wachsen.

Führung bedeutet, Entwicklung zu ermöglichen und zugleich Ziele vorzugeben, Entscheidungen zu treffen, Kontrolle auszuüben, Grenzen zu setzen.

Beide Rollen sollten den gleichen Stellenwert besitzen. In der einen Situation ist es wichtig, klare Vorgaben zu geben, in der nächsten Situation eher die Rolle eines Katalysators anzunehmen, der Prozesse fördert, ohne selbst aktiv einzugreifen. Von einer Führungskraft verlangt dies eine hohe Rollenflexibilität. Das ist nicht immer leicht, erfordert es doch zu erkennen, welches Verhalten in welcher Situation angebracht ist, und darüber hinaus die Bereitschaft, sich immer wieder in Bereiche von innerer Ambivalenz hineinzubegeben, die es auszuhalten gilt.

Stellt man die beiden Rollen als «Entwicklungshelfer» und als «Entscheider» einander gegenüber, wird deutlich, dass sie nahezu diametral entgegengesetzt sind.

Entwicklungshelfer	versus	**Entscheider**
Begleiter	–	Führer
Partnerschaft	–	Vorgesetzter
Synergien im Team	–	Kompetenz des Einzelnen
Fehler sind Lernchancen	–	Fehler sind Katastrophen
Vertrauen	–	Kontrolle

dienen	–	herrschen
Katalysator	–	Zugpferd
flexible Rolle	–	Starre Rolle
delegieren	–	anordnen
Sinn	–	Druck
Ziele vereinbaren	–	Arbeiten verteilen
Kommunikation	–	Information
Ziele vereinbaren	–	Zielvorgaben
stimmig	–	richtig/falsch
vernetzt	–	linear
Katalysator/Moderator	–	Entscheider
Fragen	–	Antworten
Energie mobilisieren	–	motivieren
Ressourcen wecken	–	Defizite füllen
Glaubwürdigkeit (Überzeugung)	–	Macht

Durch die Flexibilität der Führungsrollen besteht die Gefahr, dass die Führungskraft in den Augen ihrer Mitarbeiter unglaubwürdig wird, wenn sie z.B. das eine Mal dient und das nächste Mal herrscht. Für die Mitarbeiter wäre das dann Führung nach dem «Wischiwaschi-Prinzip» und damit eher die Förderung von zusätzlichem Chaos. Damit dies nicht geschieht, müssen mehrere Voraussetzungen erfüllt sein:

➜ Vertrauen und Autorität müssen geschaffen werden.

➜ Die Ziele und Werte, an denen sich die Führungskraft orientiert, sind bekannt und werden von den Mitarbeitern geteilt.

➜ Es herrscht eine Atmosphäre, in der Mitarbeiter ihre Meinung vertreten können.

➜ Ein ausreichendes Maß an Offenheit und Konfliktfähigkeit ist vorhanden.

Die Ausfüllung der Rolle als «Entscheider» wäre dann der stabile Rahmen, in dem Entwicklung stattfinden kann. Der «Entscheider» definiert und verteidigt die Regeln, indem er das Spielfeld für Kreativität und Selbstverantwortung definiert. Ein gesundes Verhältnis zwischen der Rolle als «Entscheider» und der des «Entwicklungshelfers» ist dabei essenziell. Wird die Rolle als «Entscheider» zu wenig wahrgenommen, ist zielgerichtete Entwicklung unmöglich, weil die Orientierung fehlt. Wird sie hingegen zu massiv eingenommen, sind die Regeln zu starr und zu eng, verhindert dies jede Entwicklung.

Entwicklungsprozesse in einem Unternehmen oder einer Abteilung anzuschieben erfordert einen relativ hohen Aufwand, vergleichbar mit dem Versuch, einen Reifen mit der Hand zu beschleunigen. Sobald dieser Prozess jedoch einmal in Gang gebracht wurde, gilt es, ihn mit wesentlich weniger Aufwand kontinuierlich am Rollen zu halten und zu verhindern, dass er wieder zum Stillstand kommt. Versucht man den Reifen zu sehr zu beschleunigen, erreicht man einen Punkt, an dem genau das Gegenteil passiert. Statt das Tempo zu erhöhen, bremst man die Bewegung ab (Free-Wheeling-Prinzip). Insofern brauchen Führungskräfte als «Change Manager» neben den üblichen Führungskompetenzen ein grundlegendes Verständnis davon, wie Entwicklungsprozesse funktionieren, wie man sie initiiert, wie man die Menschen zur motivierten Teilnahme einlädt, wie man den Prozess am Laufen hält und wie man dafür sorgt, dass erkennbare Ergebnisse dabei herauskommen.

Zur Führung gehören eine Vielzahl von Aufgaben, die einen mehr oder weniger großen Entwicklungsaspekt beinhalten. Entwicklung bedeutet in diesem Kontext, dass parallel zu dem

Erarbeiten von äußeren messbaren Ergebnissen auch ein Zuwachs an Kompetenzen, Engagement, Verantwortlichkeit und Kultur angestrebt wird, z. B. durch die Förderung einzelner Mitarbeiter, die Entwicklung des Teams, Konfliktmoderation, Strategieworkshops, Beurteilungs- und Zielvereinbarungsgespräche.

Abhängig davon, wie viel Gewicht dem Entwicklungsaspekt gegeben wird, verändert sich in einer bestimmten Situation die Rolle der Führungskraft, z. B. wenn zwei Mitarbeiter einen Konflikt miteinander haben und sich damit an ihren Vorgesetzten wenden. Hier gibt es ein Spektrum von

➜ Entscheidung: «Ich verlange von Ihnen, dass Sie ...»,
➜ Position beziehen: «Ich bin der Meinung ...»,
➜ Vertrauen geben: «Ich traue Ihnen zu, dass Sie das selber hinbekommen»,
➜ Unterstützung anbieten: «Was brauchen Sie von mir, damit ...».

Für jede dieser Richtungen spricht einiges. Es gibt keinen Königsweg, weil die Entscheidung von der konkreten Situation abhängt und damit von einer Vielzahl von Faktoren: Wie schnell muss der Konflikt beigelegt sein, um den Schaden zu begrenzen? Wie ist die Beziehung des Vorgesetzen zu den Mitarbeitern? Was ist im Vorfeld passiert? Können die Mitarbeiter daraus etwas lernen?

So kann es in der einen Konstellation sinnvoll sein, «dazwischenzuhauen», um den Schaden zu begrenzen. In einer anderen Konstellation richtet dies vielleicht einen größeren Folgeschaden an, weil sich ein Beteiligter ungerecht behandelt fühlt und seinen Frust später im Arbeitsalltag auslebt. Hier ist ein hohes Einfühlungsvermögen und viel Fingerspitzengefühl notwendig, um konstruktiv und adäquat mit der Situation umzugehen. Die wesentlichen Ressourcen dafür liegen in der Persönlichkeit der Führungskraft.

Die Entwicklung von Führungskompetenzen

Unternehmen investieren viel Geld in die Qualifizierung ihrer Führungskräfte, da sie die wachsende Bedeutung von guter Führung für den Erfolg des Unternehmens erkennen. Gleichzeitig ist dies auch ein Signal an die Führungskräfte, dass sie mit der Entwicklung ihrer Führungskompetenz nicht allein gelassen werden. Das Angebot auf dem internen und externen Weiterbildungsmarkt ist entsprechend groß.

Viele Teilnehmer versprechen sich von dem Besuch dieser Seminare ein klares Handlungs- und Verhaltenskonzept, das ihnen ein hohes Maß an Sicherheit für die Bewältigung komplexer und damit auch verunsichernder Führungsaufgaben gibt. Sie möchten ein eindeutiges Raster von «richtig» und «falsch», an dem sie sich orientieren können. Am liebsten würden sie einem bestimmten Ablaufschema in mehreren Schritten folgen, einem Kochrezept gleich, das man auf die jeweilige Situation anwenden kann.

Diese Erwartungen müssen wir in unseren Führungsseminaren enttäuschen. Es gibt viel zu viele unterschiedliche Situationen, als dass man für jede das richtige Verhalten erlernt haben kann, das man dann nur noch entsprechend abrufen muss. Und selbst die besten Methoden und Techniken wirken nur sehr begrenzt, wenn sie als aufgesetztes und antrainiertes Verhalten erkennbar sind, das nicht in der Person verankert ist.

Menschen haben ein feines Gespür für ihr Gegenüber. Vor allem achten sie auf Authentizität und Glaubwürdigkeit, die

Kongruenz zwischen Haltung, Persönlichkeit und Handlung. Ist diese nicht vorhanden, so wird selbst die beste Verhaltenstechnik entweder als ein Trick erlebt, andere Menschen zu manipulieren, oder sie wirkt einfach nicht. Nur glaubwürdige Menschen können andere Menschen wirklich berühren.

Entwicklung muss gewollt sein

Dennoch wird häufig recht eisern an der Hoffnung festgehalten, die Aneignung von «richtigem Verhalten» helfe entscheidend weiter. Das liegt unserer Meinung nach vor allem daran, dass man diese Methoden relativ einfach erlernen, sie sich intellektuell erschließen und antrainieren kann, ohne sich selber dafür verändern zu müssen. Methoden sind unverzichtbare Ressourcen, aber nur in den Händen geeigneter Personen. Oder wie es Vergil ausdrückte: «Menschen sind wie Musikinstrumente. Ihre Resonanz hängt davon ab, wer sie berührt.»

So ist z.B. «aktives Zuhören» ohne echtes Interesse, den Anderen verstehen zu wollen, eine mehr als seltsame Situation für die Beteiligten. Oder eine Führungskraft, die gelernt hat, man soll den Mitarbeitern mehr Interesse entgegenbringen und sie für die Arbeit motivieren. Und die sich dann im Vorbeigehen bei dem Mitarbeiter erkundigt: «Wie geht es denn so, Herr Müller?», und die sich, wenn der Mitarbeiter antwortet, es ginge ihm gerade nicht so gut, mit einem aufmunternden «Weiter so, Herr Müller!» verabschiedet. Ähnliches geschieht, wenn man z.B. die neuesten Erkenntnisse aus der Körpersprache antrainiert und in Gesprächen dann entsprechende Gesten einsetzt, die nicht mit der eigenen Person kongruent sind. Das aufgesetzte Verhalten wird nicht die gewünschte Wirkung entfachen.

Trainer und Seminarleiter sind an dieser Entwicklung nicht ganz schuldlos. Statt deutlich zu machen, wo die Grenzen ihrer Tätigkeit liegen und welche Grundvoraussetzungen für eine wirkliche Entwicklung notwendig sind, geben sie immer neue Heilsversprechen ab, um sich auf dem Markt der Superlative zu behaupten. Wie immer folgt der Markt den Bedürfnissen und bietet die entsprechenden Rezepte an: «Am Ende des 2-tägigen Seminars können Sie ihre Mitarbeiter zu Höchstleistungen motivieren!» Warum funktionieren diese vollmundigen Versprechungen in der Praxis so selten? Und warum fallen Mensch und Unternehmen so gerne darauf rein?

Echte Entwicklung von Kompetenzen braucht Zeit und lässt sich nicht im Schnelldurchgang herstellen. Leider gibt es in Unternehmen immer noch zu viele Einkäufer von Seminaren, denen die notwendige Qualifikation fehlt, um Seminarangebote kompetent beurteilen zu können – da wird dann das größte Versprechen zum niedrigsten Preis eingekauft.

Selbst wenn im Unternehmen die Einsicht besteht, dass Führungskräfte nicht daran vorbeikommen, parallel auch an der eigenen Persönlichkeit zu arbeiten, werden häufig entscheidende Faktoren übersehen. So bekamen wir kürzlich die durchaus ernst gemeinte Anfrage, ob wir Mitarbeiter nicht in einem halben Tag in Sozialkompetenz schulen können, kurz, prägnant und nachhaltig. Man mag über diese Naivität schmunzeln, aber sie stellt in doppelter Hinsicht ein reales Problem dar: Sowohl manche Entscheider als auch manche Teilnehmer an Fortbildungen müssen akzeptieren, dass Entwicklung Zeit braucht, was unter dem Credo von Effektivität und Kostenbewusstsein nicht immer leicht ist. Menschen lassen sich jedoch nicht «zwangsentwickeln».

Qualifizierungsmaßnahmen sind nur dann auf Dauer erfolgreich, wenn hoch motivierte Teilnehmer mit dem passenden Trainer an den «richtigen» Themen arbeiten und sich aktiv beteiligen. Die Motivation dafür stammt aus zwei Quellen: dem inneren Bedürfnis, sich für sich selbst weiterzuentwickeln, und dem Wunsch, seine Führungskompetenz zu steigern, um damit einen wichtigen Beitrag für das gemeinsame Ganze zu leisten.

Dennoch gibt es immer noch zu viele «geschickte» Teilnehmer in Seminaren, die eben auch mit Persönlichkeitsentwicklung zu tun haben. Entweder werden sie von ihrem Vorgesetzten geschickt, oder sie schicken sich selber, weil sie sich davon einen Vorteil für ihre Karriere versprechen. Persönlichkeitsentwicklung als Mittel zum Zweck gelingt nicht. Die Person muss bereit sein, sich einzulassen. «Wasch mich, aber mach mich nicht nass» funktioniert in der Weiterbildung von Führungskräften nicht.

Methoden wirken durch Haltung und Persönlichkeit

Methoden sind wichtige Tools für Führungskräfte, vorausgesetzt, sie fallen auf fruchtbaren Boden in der eigenen Persönlichkeit. Erfolgreiche Qualifizierung von Führungskräften ist deshalb nur möglich, wenn Methodenkompetenz, Rollenklarheit und die eigene Persönlichkeit parallel weiterentwickelt werden. Sind diese drei Faktoren innerhalb der Führungskraft zu einem gemeinsamen Ganzen verbunden, vergrößert sich ihr Wirkungsfeld, was ihren konstruktiven Einfluss sowohl auf andere Menschen als auch die Unternehmenskultur angeht.

Der Schlüssel für die Verbindung von Methoden, Persönlichkeit und Rolle ist eine stimmige innere Haltung der Führungskraft. Aus ihr erwächst auch die notwendige Sicherheit für die Bewältigung komplexer Führungsaufgaben. Die Haltung hilft dabei den Überblick zu bewahren, weil sie den Blick schärft, einer Brille gleich, durch die man adäquate Handlungsoptionen sehr deutlich erkennen kann. Aus der Haltung lässt sich ableiten, an welcher Stelle der Hebel anzusetzen ist und welches Werkzeug in welcher Situation geeignet ist. Selbst wenn das passende Werkzeug nicht zu Verfügung steht, kann man es entweder spontan entwickeln oder improvisieren.

Aus diesem Grund achten wir in unseren Führungsseminaren darauf, dass zuerst die innere Haltung geklärt wird, bevor hilfreiche Methoden vermittelt werden. Das erfordert anfangs ein Mehr an Zeit, trotzdem ist dies der effektivste Weg. Grundlegende Verhaltensänderungen erzielt man schnellsten über die Haltung, weil dadurch eine automatische Kettenreaktion auf allen Handlungsebenen stattfindet.

Innere Haltung und Persönlichkeit sind eng miteinander verknüpft. So setzt eine stimmige Haltung ein Bewusstsein über die eigene Persönlichkeit voraus, weil man sonst sehr schnell in den eigenen «Verwicklungen» gefangen ist und dadurch Haltung verliert. Gleichzeitig schützt die Haltung aber auch davor, die Schattenseiten der eigenen Persönlichkeit, die in jedem Menschen vorhanden sind, auszuagieren. Destruktive Impulse bleiben in der Regel am Filter der Haltung hängen.

In einer stimmigen Haltung treffen

- die eigene Persönlichkeit der Führungskraft mit den individuellen Zielen, Fähigkeiten und Werten,
- die Rolle als Führungskraft, also der Sinn und Zweck von Führung,

→ sowie die grundlegende Ziel- und Wertorientierung des Unternehmens

aufeinander und vereinen sich zu einem harmonischen Ganzen.

Viele erfolgreiche Führungskräfte haben eine verinnerlichte Vorstellung davon, welche Faktoren eine gute Führung auszeichnen, und setzen diese Vorstellung in ihrem alltäglichen Führungsverhalten um. Sie folgen dabei ihrer Intuition, die ihnen eine präzise Rückmeldung darüber gibt, ob sie sich gerade auf dem richtigen Weg befinden, und entwickeln dadurch eine konstruktive Haltung.

Diese Vorstellung kann jedoch auch ganz bewusst erarbeitet werden: entweder in Form eines individuellen Leitbildes oder in Form eines gemeinsamen Führungsleitbildes, wie wir es häufig mit den Führungskräften mittelständischer Unternehmen entwickeln.

An diesem stimmigen Führungsleitbild kann die Führungskraft ihr Handeln orientieren und überprüfen: «Werde ich dem Leitbild gerecht? Wo habe ich es verlassen, wie kann ich wieder dahin zurückkehren?» Mit Hilfe eines Führungsleitbilds wird die Praxis zum alltäglichen Lehrmeister.

Führungsleitbilder schaffen gleichzeitig einen hoch motivierten und punktgenauen Weiterbildungsbedarf, weil die Entwicklung der notwendigen fachlichen, methodischen und persönlichen Kompetenzen für die Beteiligten ein echtes Anliegen ist. Die Qualifizierungsmaßnahme dient dann einem größeren, attraktiven Ziel statt nur dem Zweck, Defizite in der Führungskompetenz auszumerzen.

Führungsleitbilder sind keine seitenlangen Vorschriften,

wie eine Führungskraft sich verhalten sollte, ganz im Gegenteil. Ihre Wirksamkeit lebt davon, dass es ihnen in kurzer Form gelingt, die wesentlichen Botschaften im Erleben der Führungskräfte spürbar zu machen.

Die Führungskräfte eines mittelständischen Unternehmens haben für sich folgendes Führungsleitbild entwickelt:

«Als Führungskräfte übernehmen wir Verantwortung für die Menschen, die uns anvertraut sind. Gleichzeitig fordern und fördern wir das eigenverantwortliche Handeln unserer Mitarbeiter. Zielorientierte Führung schafft kreative Entwicklungsräume und erreicht, dass die Mitarbeiter stolz darauf sind, in unserem Unternehmen zu arbeiten. Sie schafft Vertrauen, fördert die Entwicklung der Mitarbeiter und sorgt damit für die dauerhafte Innovationskraft und den wirtschaftlichen Erfolg des Unternehmens. Wertorientiertes Führen bedeutet für uns Respekt vor der Einzigartigkeit des Menschen.

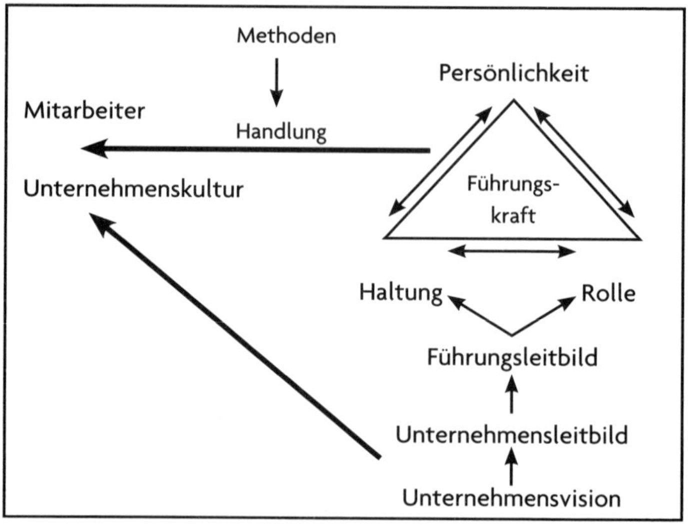

Unser Umgang mit den Mitarbeitern ist geprägt durch Offenheit in der Kommunikation und Fairness. Unsere Mitarbeiter wissen, woran sie mit uns sind.»

Als Außenstehender kann man der Meinung sein, dass der ein oder andere wichtige Punkt in diesem Führungsleitbild fehlt und manche Formulierungen nicht optimal sind. Aber darum geht es nicht. Entscheidend ist nicht, wie ein Führungsleitbild aussieht, sondern ob es bei allen Beteiligten eine tiefe Zustimmung findet und einen Sog in den Führungskräften entfacht. Dies ist nur möglich, wenn die einzelnen Bestandteile keine Kopfgeburten sind, sondern durch eigene eindrückliche Erfahrungen mit Führung unterlegt sind, die in das Leitbild eingeflossen sind. Dadurch lebt das Leitbild in den Menschen.

Helmuth Schöning

Führung aus der Sicht eines Führungskräfte-Entwicklers

Bei meiner heutigen Tätigkeit, der Auswahl von Führungskräften für Unternehmen, profitiere ich sehr von meiner langjährigen Erfahrung als Leiter des Bereichs Management-Entwicklung eines internationalen Konzerns. Ich habe dort viele Führungskräfte in ihrer Entwicklung begleitet, beindruckende Karrieren und Menschen erlebt. Manager, die sehr leicht in die Rolle als Führungskraft hineingefunden haben, und andere, die an den Anforderungen gescheitert sind.

Die für mich wichtigste Erkenntnis aus diesen Erfahrungen, der berühmte «Tausend-Dollar-Satz», ist, dass neben der Fachkompetenz persönliche und Methodenkompetenzen vorhanden sein und zueinander passen müssen. Jemand, der über die entsprechende Sozialkompetenz verfügt, aber z.B. keine Analyse- und Entscheidungskompetenz besitzt, wird in der Regel genauso scheitern wie umgekehrt.

Wichtig ist die Verknüpfung dieser Kompetenzen. Eine Zeit lang hat die Personalentwicklung in Unternehmen den Fehler gemacht, zu sehr auf das eine zu schauen, ohne das andere zu beachten. Nachdem zuerst die Methodenkompetenz als der entscheidende Faktor galt, war es später dann die Sozialkompetenz. Aber eine berufliche Person wird erst dann zur wirklichen Führungskraft, wenn sie über beide Seiten verfügt und damit umgehen kann. Dies ist besonders wichtig für die notwendige Rollenflexibilität, denn die Führungsrolle ist heute nicht mehr starr vorgegeben, sondern umfasst die unterschiedlichsten Aufgaben, Situationen und Erwartungen. Sie setzt die Fähigkeit voraus, je nach Situation die verschiedenen Rollen einnehmen und ausgestalten zu können.

Dazu reicht kognitives Wissen alleine nicht aus. Im Gegensatz zu früher wird heute an vielen Schulen und Universitäten über die Bedeutung von Kommunikation gelehrt. Vor allem junge Menschen kennen die theoretischen Aussagen, wie z.B. das Kommunikationsmodell von Schulz von Thun. Dennoch ist immer wieder zu beobachten, dass viele Menschen zwar theoretisch darüber reden können, aber weder wissen, was es in der konkreten Umsetzung bedeutet, noch ihr eigenes Verhalten damit reflektieren können.

Führungskräfte brauchen eine hohe Bereitschaft zu kontinuierlicher Weiterentwicklung. Die wesentliche Voraussetzung dafür ist die Fähigkeit zur Selbstreflexion, denn nur so kann aus den eigenen Erfahrungen gelernt werden. Deshalb sind für mich heute bei der Auswahl von Führungskräften nicht so sehr die eigentlichen Testergebnisse das entscheidende Auswahlkriterium. Testergebnisse zeigen lediglich einen Ausschnitt, selbst wenn sie vorgeben, etwas über die generelle Flexibilität und Lernfähigkeit der Person auszusagen. Stattdessen nutze ich, wenn möglich, die Testergebnisse als eine Intervention, indem ich die Person mit den Ergebnissen konfrontiere und die Konsequenzen diskutiere. Auf diese Weise wird die persönliche Reflexionskompetenz sichtbar oder auch nicht.

Führungsleitbilder sind ein hervorragendes Instrument zur Selbstreflexion und damit der Möglichkeit, aus der Praxis zu lernen. Die wesentliche Bedeutung von Führungsgrundsätzen liegt nicht in der Bewertung, dass diejenigen, die sich genau daran halten, es richtig machen und die anderen einen groben Fehler begehen. Führungsleitbilder sind in erster Linie ein Referenzrahmen, eine Orientierung für die Führungskraft, an der sie arbeiten und sich weiterentwickeln sollte.

Gleichzeitig etabliert man mit Führungsgrundsätzen auch eine Struktur in Unternehmen, deren Einhaltung man als Mitarbeiter einklagen kann. Nicht im juristischen Sinne, sondern dahingehend, dass man das Recht hat, jemanden direkt darauf anzusprechen, und z. B. sagen kann: «Pass mal auf, wir sollen offen mit Konflikten umgehen, aber du weichst mir jetzt schon zum dritten Mal aus.» Ich halte diesen strukturierenden Referenzrahmen für absolut wichtig. Aber man soll sich keiner Illusionen hingeben, für mich dienen Führungsgrundsätze sozusagen als Leitplanken, dass man weiß, aha, das ist die Straße, auf der wir uns bewegen.

Ob Führungsgrundsätze funktionieren, hängt sehr von dem unmittelbaren Vorgesetzten und der Unternehmenskultur ab. In unserem Konzern hatten wir z.B. vor 20 Jahren den Grundsatz «Führen mit Courage». Diesen Satz konnte man sehr gut als Orientierung und Legitimation nehmen und entsprechend Stellung beziehen. Wenn diese Offenheit positiv sanktioniert wird, verstärkt sich dieses Verhalten, wenn sie negativ sanktioniert wird, verhindert dies natürlich jede Entwicklung. Wenn eine Person sich meldet und etwas sagt und dafür einen Rüffel einfängt oder gar entlassen wird, werden die anderen daraus lernen: «Hier sagt man besser nichts.»

Unternehmen, die verantwortungsbereite Mitarbeiter

und Manager wirklich wollen, sorgen für ein Klima, in dem Interaktion stattfindet, in dem Wissen wirklich geteilt wird und in dem Feedback in beide Richtungen der Hierarchieebene nicht nur möglich ist, sondern gefordert wird. Dafür braucht man in Unternehmen Menschen mit Mut zur Auseinandersetzung und der Bereitschaft, Verantwortung zu übernehmen.

Zusammengefasst ist mir wichtig, dass für die Kompetenz von Führungskräften die Verbindung der persönlichen und methodischen Kompetenzen, die Fähigkeit zur Selbstreflexion und die Art, wie Führungskräfte mit Unsicherheiten umgehen, die entscheidenden Faktoren sind. Das Unternehmen seinerseits muss sich überlegen, was es zur Identitätsbildung seiner Führungskräfte beiträgt. Verhindert es mündige Führungskräfte, dann hat es Sklaven, die zu allem ja sagen, und wird in Krisenzeiten erhebliche Probleme haben.

Es wird entscheidend darauf ankommen, wie Wissen im Unternehmen geteilt wird, weil man sonst nicht an die Ideen der Menschen herankommt. In einem positiv geführten Unternehmen wird Wissen wesentlich besser geteilt als in einem befehlsorientierten, autokratischen Organisationsumfeld. Und ein weiterer Faktor in diesem Zusammenhang ist natürlich, in welchem Unternehmen man gerne als Führungskraft arbeitet. All dies schlägt sich dann letztlich natürlich auch wieder in Zahlen nieder, sowohl auf der Ergebnisseite als auch in Rankings, z. B. «das beliebteste deutsche Unternehmen».

Individuelle Förderung von Führungskompetenzen

Immer wieder kann man die Tendenz beobachten, dass diejenigen Führungskräfte, die am meisten Defizite in ihrer Führungskompetenz besitzen, selten auf die Idee kommen, ein entsprechendes Seminar zu besuchen, und diejenigen, deren Führungskompetenz wesentlich weiter entwickelt ist, gerne dort hingehen. Häufig fehlt es an der Bereitschaft, aber auch der Fähigkeit, die eigenen Erfahrungen zu reflektieren, oder es gibt Ängste, dass die Defizite in Seminaren offenbar werden.

Seminare sind kein Allheilmittel. Sie können der Führungskraft in ihrer Entwicklung helfen, indem sie neue Blickwinkel ermöglichen, Ressourcen zur Verfügung stellen, die Möglichkeit schaffen, von anderen zu lernen, und vor allem auch Veränderungsimpulse setzen. Den wesentlichen Beitrag für die Entwicklung der eigenen Führungskompetenz muss jedoch immer die Person selbst leisten. Grundvoraussetzung dafür ist neben dem Wunsch, sich persönlich und professionell weiterzuentwickeln, die Fähigkeit zur Selbstreflexion.

Jeder Mensch hat in seinem Leben eine Vielzahl von Erfahrungen mit Führung gemacht, aus denen er wichtige Erkenntnisse gewinnen kann. Dabei sind positive Erfahrungen, bei denen andere Menschen als Vorbilder herangezogen werden können, ein ebenso guter Lehrmeister wie das krasse Gegenteil, aus dem erkennbar wird, wie Führung auf gar keinen Fall funktioniert.

Dazu kommen die Erfahrungen aus der eigenen Führungspraxis. Werden diese bewusst reflektiert und mit konkreten Zielen verbunden, entsteht ein kontinuierlicher Entwicklungskreislauf. Auf diese Weise wird der Alltag zu einer ständigen Fort- und Weiterbildung für die Führungskraft.

Der für die Reflexion des eigenen Führungsverhaltens nötige Zeitaufwand ist sehr gering, oft reichen dafür 10 Minuten pro Tag. Die größte Hürde ist in der Regel die Bereitschaft, ehrlich hinzuschauen, weil manches, was dabei entdeckt wird, im ersten Moment nicht auf Begeisterung stößt.

Mit der Bereitschaft, sich weiterentwickeln zu wollen, werden selbst Fehler zu kostbaren Lernchancen. Statt dass sie am Selbstbewusstsein nagen, werden daraus wichtige Ressourcen für die Zukunft entwickelt. Die gewonnenen Erkenntnisse unmittelbar umzusetzen steigert zusätzlich die Motivation. Gleichzeitig hilft die Reflexion der eigenen Erfahrungen entscheidend dabei, das innere Gleichgewicht zu bewahren oder wieder zu finden. All das sind Grundvoraussetzungen für gute Führung.

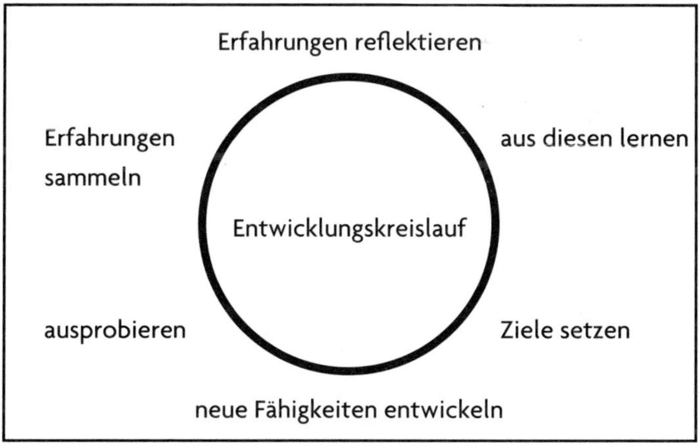

Kontinuierliche Selbstreflexion hat für die Führungskraft noch einen weiteren positiven Nebeneffekt, sie fördert den Mut und die Bereitschaft, sich auf unsichere Situationen einzulassen, weil es dort am meisten zu lernen gibt.

Die Führungskraft kann viel für ihre eigene Entwicklung tun, indem sie in einen konstruktiven Dialog mit sich selber tritt. Da jeder Mensch bis zu einem gewissen Grad immer auch betriebsblind ist, was eingefahrene Muster angeht, ist er für seine Weiterentwicklung häufig auf Rückmeldungen von anderen Menschen angewiesen.

Feedback als Entwicklungsbeschleuniger

Eine offene Feedbackkultur ist in der Wirtschaft nach wie vor die Ausnahme. So sagte z. B. der Vorstandsvorsitzende eines großen Finanzdienstleisters auf einer Führungskräftekonferenz: «Wir kennen kein Feedback – wir haben nicht gelernt, uns im Feedback auszudrücken.» Dabei ist es, immer vorausgesetzt, die Erkenntnis ist vorhanden, dass sich Offenheit lohnt und die Haltung von Respekt und Wertschätzung stimmt, eine der effektivsten Methoden, Menschen in ihrer Entwicklung zu unterstützen.

In Seminaren, beim Coaching, aber auch in vertrauensvoller Umgebung am Arbeitsplatz ist es möglich, das eigene Selbstbild mit dem Fremdbild abzugleichen. Feedback von anderen Menschen erweitert den Bereich, der uns über uns selber bekannt ist, verkleinert unseren «Blinden Fleck» und erhöht dadurch unsere Möglichkeiten, uns weiterzuentwickeln. Anhand des Johari-Fensters (Joseph und Harry Ingham) kann man dies gut illustrieren:

Selbst Feedback in dem Bereich, der uns selber schon von

uns bekannt ist, schafft Veränderungsanreize, unabhängig davon, ob es als Lob oder Kritik formuliert wird, weil wir von anderen wahrgenommen werden.

Durch Feedback werden die bewussten Handlungsoptionen erhöht und vergrößern dadurch den Bereich des «freien Handelns» der Führungskraft. Die entscheidende Voraussetzung, damit Feedback auf fruchtbaren Boden fällt, ist Vertrauen.

In einer Umgebung, die von Angst und Misstrauen geprägt ist, wird automatisch der Anteil des «Verborgenen» noch zusätzlich erhöht, sobald Unsicherheiten entstehen. Vertrauen ermöglicht dem Menschen gleichzeitig, mehr von den Seiten seiner Persönlichkeit zu zeigen, die er sonst glaubt verstecken und zurückhalten zu müssen. Dies führt zu einem weiteren Zuwachs an «freiem Handeln».

Ehrliches und offenes Feedback ist für die eigene Entwicklung unerlässlich. In der Regel sind Führungskräfte mit Feedback nicht gerade reichlich gesegnet. Deshalb sind sie meistens sehr dankbar, wenn Sie von uns als Coaches Rück-

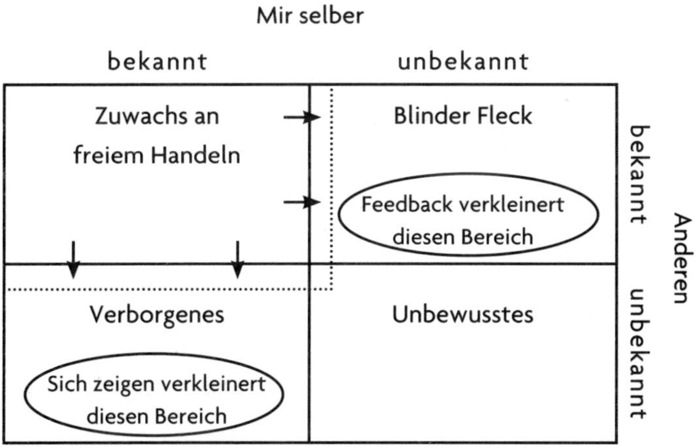

meldungen bekommen. Und wahrscheinlich können sie diese von uns auch leichter annehmen, weil sie keine Angst haben, «das Gesicht zu verlieren».

Dennoch, die besten Lehrmeister und Feedbackgeber für das eigene Führungsverhalten sind zuallererst die eigenen Mitarbeiter. Immer vorausgesetzt, es gibt eine Kultur von Offenheit, gegenseitigem Respekt und Wertschätzung. Gibt es dafür jedoch keine Voraussetzungen in der Kultur, kann der Schuss nach hinten losgehen. Dann ist es kein Anreiz für Veränderung, sondern für Frustration und Enttäuschung: «Ich habe so viel für meine Mitarbeiter getan, und das ist jetzt der Dank», wie uns ein leitender Mitarbeiter im Coaching sagte.

Feedback kann dazu beitragen, festgefahrene Situationen wieder aufzulösen und die Handlungsfähigkeit wiederherzustellen. Kürzlich erlebten wir in einer – in Feedback völlig ungeübten – Gruppe, der die Feedbackregeln in einem «5-Minuten-Schnellkurs» beigebracht wurden, eine sehr positive Entwicklung. Die Gruppe war mit einem massiven internen Problem konfrontiert und sah offenes Feedback quasi als letzte Chance an, dieses Problem zu lösen. Das Feedback wurde nicht nur nach allen Regeln der Kunst gegeben und angenommen und trug entscheidend zur Problemlösung bei, sondern bewirkte auch, dass die Gruppe neu und gestärkt zusammenfand.

Der Vorgesetzte dieser Gruppe konnte das Risiko eingehen, sich auf diese schwierige Situation einlassen, weil er Vertrauen in seine Mitarbeiter hatte. Er fand dieses Vertrauen gerechtfertigt und wird in Zukunft Feedback gerne als Führungsinstrument einsetzen und auch Feedback von seinen Mitarbeitern einfordern.

Konstruktiv Feedback geben und nehmen zu können ist relativ einfach zu erlernen und sollte zum Handwerkszeug jedes

Mitarbeiters im Unternehmen gehören. Die klassischen Feedbackregeln, wie z. B. in Ich-Botschaften zu sprechen oder Verhalten zu beschreiben, statt die Person zu bewerten, werden in nahezu jedem Seminar vermittelt, in dem das Miteinander von Menschen Thema ist. Ob Feedback wirkt, ist entscheidend von der Haltung des Feedbackgebers und Feedbacknehmers abhängig.

Konstruktives Feedback ist auch für das Privatleben sehr hilfreich. So hatten wir ein sehr schönes Erlebnis bei einem mehrtägigen Führungskräftetraining, bei dem unter anderem auch Feedback Thema war. Eine der Führungskräfte erzählte am nächsten Morgen mit strahlenden Augen, dass er in einer schwierigen Situation mit seinem Sohn die Feedbackregeln beherzigt hatte und seine Rückmeldung zum ersten Mal seit langer Zeit von seinem Sohn angenommen werden konnte.

Feedback ist nicht nur für die Entwicklung der eigenen Führungskompetenz unerlässlich, sondern auch ein hervorragendes Führungsinstrument für die Entwicklung von Mitarbeitern. Aber Feedback ist keine Einbahnstraße: Wer selber kein Feedback annehmen kann, sollte auch darauf verzichten, anderen Menschen Feedback zu geben. Insofern ist Feedback immer auch ein Aspekt der gelebten Unternehmenskultur.

Zielvereinbarungen geben die Richtung vor

Zielvereinbarungen sind eine hervorragende Möglichkeit, die Entwicklung von Führungskräften gezielt zu fördern. Fragt man Unternehmen, ob sie mit Zielvereinbarungen führen, erhält man meist zur Antwort: «Selbstverständlich, schon seit vielen Jahren.» Fragt man jedoch genauer nach, wird oft deutlich, dass es sich nicht um Zielvereinbarungen handelt, sondern um Ziele, die vorgegeben wurden. Und die Vereinbarung besteht lediglich darin, dass Führungskräfte und Mitarbeiter dem Ziel zustimmen oder es zähneknirschend akzeptieren. Vor allem dann, wenn jedes Jahr die Latte höher geschraubt wird. Das einzig Motivierende daran ist der höhere Druck, vielleicht noch verknüpft mit dem Kampf um die Tantieme. Doch wir wissen, zu starker Druck verhindert auf Dauer Entwicklung.

Es gibt kaum ein anderes Führungsinstrument, das so häufig missverstanden wird wie das Führen mit Zielvereinbarungen. Dabei ist es ein hervorragendes Werkzeug, um Win-Win-Situationen zwischen Menschen und Unternehmen herzustellen. Schon eine alte Bauernweisheit sagt: «Eine Kuh, die man melken will, muss man füttern.» Im Grunde genommen wollen Unternehmen und Mitarbeiter das Gleiche: materiellen Erfolg und sich kontinuierlich weiterentwickeln.

Zielvereinbarungen tragen dem Rechnung. Sie machen ein Unternehmen zu einer lernenden Organisation. Sie verbinden inneres und äußeres Wachstum des Unternehmens. Abgesehen von wirtschaftlichen Zielen beinhalten Zielvereinbarungen vor allem Entwicklungsziele. Wo möchte der Mitarbeiter/die Führungskraft sich hinentwickeln, was braucht das Unternehmen an Entwicklungsschritten von ihm? Diese Ziele werden miteinander ausgehandelt und vereinbart.

Führungskräfte profitieren von Zielvereinbarungen in mehrfacher Hinsicht: Durch die Verknüpfung mit attraktiven Zielen ergibt sich sowohl ein sehr konkreter und hoch motivierter Weiterbildungsbedarf als auch eine klare Orientierung für die eigenen Führungsaufgaben. Gleichzeitig sind Zielvereinbarungen ein effektives Führungsinstrument, um die eigenen Mitarbeiter in ihrer Entwicklung zu fördern. Und wie bei allen

Führungsinstrumenten kann man diese am besten anwenden, wenn man bereits eigene Erfahrungen damit gemacht hat.

Zielvereinbarungen für Führungskräfte sollten neben den wirtschaftlichen und organisatorischen Zielen zumindest je ein Ziel in den Bereichen «Persönliche Entwicklung», «Fachliche Entwicklung» und «Entwicklung von Führungskompetenzen» enthalten.

➜ Persönliche Entwicklung kann z. B. bedeuten, zu lernen, Grenzen zu setzen oder Konflikte konstruktiver austragen zu können,

➜ Fachliche Entwicklung, z. B. ein bestimmtes Projekt selbständig durchzuführen oder bestimmte dafür notwendige Fähigkeiten zu erwerben.

➜ Entwicklung der Führungskompetenz kann z. B. sein, Mitarbeiter an höhere Aufgaben heranzuführen oder die Zusammenarbeit im Team zu verbessern.

Damit Zielvereinbarungen die gewünschte Wirkung zeigen, ist ein fairer Ausgleich zwischen Geben und Nehmen notwendig, beide Seiten müssen davon gleichermaßen profitieren. Die Ziele müssen in der Gesamtheit attraktiv und stimmig sein, wobei man durchaus bei den einzelnen Zielen zwischen Pflicht und Kür unterscheiden kann. Nicht alles, was wichtig und notwendig ist, macht unbedingt Spaß, das erwartet in der Regel auch niemand. Jeder Mensch ist gerne bereit, einen angemessenen Preis für die Dinge zu zahlen, die ihm am Herzen liegen.

Zu den üblichen Kriterien für die Formulierung von Zielen gehört unter anderem auch die Überprüfbarkeit ihrer Umsetzung. Das führt dazu, dass man sich gerne auf quantitative Ziele begrenzt, weil sie leichter überprüfbar sind. Zielvereinbarungen brauchen jedoch immer auch ausreichend qualitative Ziele, weil sie wesentlich motivierender sind. Viele Entwicklungsziele sind qualitativer Natur und lassen sich damit nur qualitativ, über das eigene Erleben, überprüfen, z. B. eine gesteigerte Konfliktfähigkeit.

Zielvereinbarungen werden in der Regel jährlich getroffen und auf ihre Umsetzung überprüft. Zielvereinbarungen sind Hol- und Bringschulden. Wenn erkennbar ist, dass sie, aus welchen Gründen auch immer, nicht erreicht werden können, ist Informationsaustausch und vielleicht eine Klärung notwendig. Sonst werden Zielvereinbarungen sehr schnell zu einem Korsett, das verhindert, sich flexibel auf Veränderungen einzustellen. Ziele zu vereinbaren bedeutet selbstverständlich, auch die dafür notwendigen Ressourcen zur Verfügung zu stellen.

Zielvereinbarungen unterstützen die Entwicklung von Mensch und Unternehmen, indem sie Unternehmensvisionen und Leitbilder, Unternehmenskultur und Engagement der Mitarbeiter zu einem lebendigen, kreativen Ganzen vernetzen: Ein Unternehmen, in dem es Spaß macht zu arbeiten, in dem der eigene Beitrag zählt und auch der wirtschaftliche Erfolg nicht zu kurz kommt.

Resümee Teil III

Die qualifizierte Führung von Mitarbeitern wird immer mehr zu einem entscheidenden Erfolgsfaktor für Unternehmen. Aber alleine mit der Einsicht und bloßen Absichtserklärungen, wie wir es in vielen Unternehmen erleben, ist es nicht getan. Um die Führungskompetenz im Unternehmen zu steigern, ist es zwingend notwendig, alle bereits vorhandenen Ressourcen in ihrer Vielfältigkeit auszuschöpfen, statt stromlinienförmige Manager aus der Retorte zu produzieren. Die besondere Kompetenz von Frauen, von älteren Mitarbeitern, aber auch interkulturelle Kompetenzen werden immer noch zu wenig genutzt.

Notwendig ist die reale Aufwertung von Menschenführung im Unternehmen, nicht als Lippenbekenntnis, sondern durch konkretes Handeln bei der Auswahl, Beurteilung, Bezahlung und Förderung von Führungskräften. Diese Faktoren bilden gemeinsam mit der Unternehmenskultur den Entwicklungsrahmen, in dem sich Führungskompetenz entfalten kann.

In welchem Umfang Unternehmen in die Weiterbildung ihrer Führungskräfte investieren, ist immer auch ein Signal an Unternehmenskultur und Mitarbeiter für den Stellenwert von Führung. Einem Unternehmen, dem Führung wichtig ist, sind auch die Menschen wichtig.

Aber auch die Entscheidung, mit welchen konkreten Maßnahmen Führungskompetenz gefördert wird, ist eine wichtige Botschaft an die Mitarbeiter im Unternehmen. Setzt ein Unternehmen auf die kontinuierliche persönliche und professionelle Weiterentwicklung von Führungskräften, schafft es damit eine Verbindung zu den Mitarbeitern, von denen Gleiches gefordert wird. Ähnliches gilt für konkrete Führungsleitbilder, die Ziel, Werte und Haltung für die Mitarbeiter transparent machen und an denen diese ihre Führungskräfte messen können.

Die Teilnehmer in Führungsseminaren wollen in der Regel ihre Führungskompetenz erweitern und sind entsprechend motiviert. Gleichzeitig suchen sie aber auch Werkzeuge und Strategien zum Leben und Überleben in der vorhandenen Unternehmenskultur. Automatisch wird jeder Input in der Fortbildung auf Praxisrelevanz überprüft: «Was nützt mir das in unserem Unternehmen, wobei hilft es mir konkret weiter?»

Herrscht im Unternehmen eine «Monopolykultur», dann sind z. B. Fähigkeiten wie emotionale Intelligenz und Sozialkompetenz eher hinderlich, weil sie schnell an die Grenzen der Kultur stoßen und es der Führungskraft zusätzlich schwerer machen, die Widersprüche in dieser Umgebung auszuhalten. Dieser Mechanismus gilt auch außerhalb von Wirtschaftsunternehmen, z. B. in der Politik. So berichtete z. B. ein hochrangiger Bundespolitiker in einer Coachingsitzung, dass das dicke Fell, das er sich zulegen musste, um emotional überleben zu können, sein Einfühlungsvermögen in die Menschen deutlich verringert habe.

Im Idealfall ist die Qualifizierung von Führungskräften eingebettet in einen stimmigen Entwicklungsprozess im Unternehmen. Wenn Ziele, Werte und Visionen zusammenpassen, entsteht ein gemeinsamer Entwicklungsbedarf aller beteiligten Menschen, der Synergien herstellt. Anstatt die Einstellung zu pflegen «Ändere du dich erst mal, dann können wir weiterreden», packen alle gemeinsam an. Veränderung bedeutet immer auch, Altes loszulassen, auch Dinge, die einem lieb und teuer oder einfach angenehme Gewohnheiten geworden sind, und sich auf neues, zum Teil unbekanntes Terrain zu begeben. Führungskräfte müssen auf Macht und Status verzichten, Mitarbeiter müssen in die unternehmerische Verantwortung gehen, Unternehmen Strategie und Kultur verändern. Auch das fällt leichter, wenn jeder loslässt, damit alle mehr gewinnen.

Führungskräfte werden immer mehr zu Moderatoren von Veränderungsprozessen. Dabei wirken sie im Idealfall wie Katalysatoren, sie fördern die Entwicklung oder verhindern sie. In dieser Rolle ist es ihre zentrale Aufgabe, Win-Win-Situationen zwischen Unternehmen, Mitarbeitern und Kunden herzustellen. Dazu werden keine Übermenschen gebraucht, sondern ganz im Gegenteil «normale» und vor allem «echte» Menschen, die erkennbar Verantwortung für das gemeinsame Ganze übernehmen und mit ihrer Glaubwürdigkeit die Mitarbeiter auf dem Weg mitnehmen.

Eine Führungskraft erreicht die ihr anvertrauten Menschen in erster Linie durch ihre menschliche und persönliche Kompetenz. Die eigene Persönlichkeitsentwicklung wird damit zu einer wesentlichen Qualifizierung für die Wahrnehmung von Führungsaufgaben.

Führungskräfte benötigen regelmäßige Auszeiten, um ihre Erfahrungen reflektieren und aus ihnen lernen zu können. Im Idealfall werden sie dabei durch ein professionelles Coaching unterstützt. Aber auch Mentoring durch erfahrene Führungskräfte ist sehr hilfreich, um sich in der Führungsrolle weiterzuentwickeln.

Fortbildungen zum Thema Führungskompetenz sind vor allem dann erfolgreich, wenn sie die Führungskräfte im Inneren berühren und Entwicklungsimpulse stimulieren, die zu positiven Konsequenzen auf der konkreten Handlungsebene führen. Die Führungskraft wächst dann als Persönlichkeit und vergrößert gleichzeitig ihr professionelles Wirkfeld.

Ohne die richtige Haltung sind die besten Führungsinstrumente stumpf. Seminare, die den Schwerpunkt auf Haltung legen, sind leider immer noch zu selten. Dabei lässt sich gerade aus einer stimmigen Haltung auch sehr leicht stimmiges Verhalten in den unterschiedlichsten Situationen ableiten. Haltung ist mehr als eine Rolle, die man einstudieren kann, sie wird aus dem Inneren des Menschen genährt. Dazu gehört auch, konstruktiv mit Ambivalenz, Unsicherheit und Veränderung umgehen zu können. Insofern gehört die Fürsorge für das eigene persönliche Gleichgewicht und Wohlbefinden nicht an das Ende der Prioritätenliste, nach dem Motto «wenn mir noch Zeit bleibt, kann ich mich auch mal darum kümmern», sondern weit nach oben.

«Führung und Lernen bedingen sich gegenseitig», sagte John F. Kennedy. Führungskräfte sind lebenslang Auszubildende, die sich in einem ständigen Lern- und Entwicklungsprozess befinden, wobei sie den Großteil dieser Ausbildung selbst zu leisten haben. Wer als Führungskraft denkt, er habe dies nicht mehr nötig, für den gilt der Satz von Rudi Altig: «Immer, wenn einer glaubt, er ist schon einer, ist er auf dem besten Weg, keiner zu werden.»

Schlusswort

Wir leben in einer Zeit des Wandels und stehen an einer Vielzahl von Entwicklungsschwellen. Viele Menschen sind durch diese Situation tief verunsichert. Die Gegenwart und erst recht die Zukunft werden häufig als bedrohlich erlebt, Verlustängste breiten sich aus, allgemeine Hilflosigkeit und Passivität, aber auch egoistisches Einzelkämpfertum nehmen zu.

Viele Themen kommen auf unsere Gesellschaft zu, die wir in ihrer Komplexität nur bewältigen können, wenn wir dafür alle verfügbaren Ressourcen nutzen und Synergien schaffen. Nur die Missstände zu beklagen hilft dabei nicht weiter. Gerade in dieser Situation brauchen wir das volle Engagement aller für das gemeinsame Wohl.

Wenn es um die Notwendigkeit von Entwicklung geht, nicken die meisten Menschen zustimmend mit dem Kopf. Vieles sollte anders, besser, einfacher sein. Wenn es jedoch darum geht, aktiv dafür einen Beitrag zu leisten und am besten noch bei sich selber anzufangen, nimmt die Zustimmung rapide ab: «Geht es denn nicht einfacher und vor allem auch schneller?»

«Wenn der Wind des Wandels weht, bauen die einen Mauern und die anderen Windmühlen», sagt ein chinesisches Sprichwort zu diesem Thema. Diese Mauern sind schnell gebaut, vor allem, wenn sie nur einen Windschutz bieten sollen, hinter dem man in Deckung geht. Sie machen jedoch ein Mitgestalten von Veränderung unmöglich. Versucht man sie wegzureißen, werden sie nur noch dicker wieder neu gebaut. Jede

Veränderung beginnt im Bewusstsein der Menschen, es muss für sie Sinn machen, aus ihrer Deckung hervorzukommen.

Unternehmen sind deshalb nicht nur als wirtschaftliche Einheit gefordert, sondern auch als eine Sinn stiftende Institution, in welcher der Sinn und die Werte des Unternehmens mit dem Sinn und Werten der Mitarbeiter kompatibel sind und Entwicklungsräume für die Mitarbeiter geschaffen werden. Nur so können die notwendigen Ressourcen erschlossen werden, die sonst ungenutzt ein Schattendasein führen. Der entscheidende Schlüssel dafür ist Sinn. Ohne Sinn wird es zukünftig keinen dauerhaften Erfolg mehr geben.

Menschen erreicht man am ehesten bei ihren Werten, bei dem Wunsch, mit ihrem Engagement einen sinnvollen Beitrag zu leisten und sich selbst kontinuierlich weiterzuentwickeln. «Wenn über das Grundsätzliche keine Einigkeit besteht, ist es sinnlos, miteinander Pläne zu schmieden», sagt Konfuzius. Dazu müssen Spaltungen zwischen Führung und Mitarbeitern, zwischen Unternehmen und Gesellschaft, zwischen Interessengruppen und politischen Parteien überwunden werden.

Diese Einigkeit herzustellen erfordert in erster Linie Mut, Offenheit und Vertrauen in die Menschen. In der Begleitung von Entwicklungsprozessen machen wir häufig die Erfahrung, dass ein großer Ruck durch Unternehmen oder Abteilungen geht, wenn Konflikte aufgelöst und stimmige Visionen und Leitbilder entwickelt werden. Es entstehen Synergien, die sich auch im wirtschaftlichen Ergebnis niederschlagen.

Schon Albert Einstein erkannte, dass sich Probleme nur selten auf der Ebene lösen lassen, auf der sie in Erscheinung treten. Das gilt in besonderem Maße in komplexen Systemen. Die Weichen für grundlegende Veränderungen müssen am Kern gestellt werden. Gelingt es, dort den Hebel anzusetzen, findet eine Kettenreaktion statt, die auch auf den äußeren Ebenen ihre Wirkung entfaltet. Hier kommt den Führungskräften als Katalysatoren eine besondere Bedeutung zu.

Aber mit der Führung alleine ist es nicht getan. Gebraucht werden auch mündige Mitarbeiter, die Lust auf Verantwortung haben, darauf, einen gesellschaftlichen Beitrag zu leisten, Mitarbeiter, die gemeinsam gestalten wollen. Die Voraussetzungen dafür müssen jedoch in erster Linie Führungskräfte schaffen.

Vernetztes Geschehen erfordert vernetzt denkende, fühlende und handelnde Menschen. Für die Gestaltung von Zukunft brauchen wir Führungskräfte mit einem systemischen Verständnis, die über ihren eigenen Tellerrand hinausschauen können und mit sich selber im Gleichgewicht sind. Die sich dem Wohl des Unternehmens und dem ihrer Mitarbeiter verbunden fühlen, die mit persönlicher Kompetenz ihre Mitarbeiter abholen und diese mit fachlicher Kompetenz überzeugen.

Uns begegnen in unserer Arbeit viele Führungskräfte, die diese Fähigkeiten entwickelt haben. Aber auch potenzielle Führungskräfte, die über diese Tugenden in ausreichendem Maße verfügen, gibt es genügend. Werden diese Menschen an die richtigen Positionen gesetzt und in ihrer Entwicklung unterstützt, braucht uns um Zukunft nicht bange zu sein.

Für wirkliche, also sinnvolle Entwicklung gibt es keine einfachen Kochrezepte und auch keine Fertiggerichte. Emil Ösch drückte es einmal folgendermaßen aus: «Zum Erfolg gibt es keinen Lift, man muss die Treppe benutzen.» Entwicklung braucht Zeit und die Bereitschaft, sich wirklich einzulassen. Das gilt für Menschen und Unternehmen gleichermaßen.

Dank

Unser besonderer Dank gilt Daniel Goeudevert für das Schreiben des Vorwortes sowie Jürgen Rollmann, Wolfram Michallik, Brunhilde Gurth, Burkhard Höhne und Dr. Helmuth Schöning, die uns an ihren konkreten Erfahrungen haben teilhaben lassen. Bedanken möchten wir uns auch bei Barbara Hofmann-Huber und Björn Hübner, die mit ihren Ideen und ihrem Feedback dieses Buch bereichert und durch ihren Einsatz mitgeholfen haben, die zeitlichen Freiräume zu schaffen, in denen dieses Buch geschrieben werden konnte. Und nicht zuletzt bei den vielen Tausenden von Seminarteilnehmern, die sich auf unsere Arbeit eingelassen haben und bei denen unsere Arbeit auf fruchtbaren Boden fiel. Wir haben viel von ihnen gelernt.

Das Gedicht auf S. 90 wird allgemein Albert Schweitzer zugeordnet.